LE GUIDE

DE CEUX

QUI VEULENT BÂTIR.

LE GUIDE
DE CEUX
QUI VEULENT BÂTIR;

Ouvrage dans lequel on donne les renseignemens nécessaires pour se conduire lors de la construction, & prévenir les fraudes qui peuvent s'y glisser.

DÉDIÉ AU ROI.

Par LE CAMUS DE MÉZIERES, Architecte.

TOME PREMIER.

Si quid novisti rectius istis,
Candidus imperti; si non, his utere mecum. Hor. Ep. VI, liv. 1.

A PARIS,

Chez { L'AUTEUR, rue du Foin Saint Jacques, au Collège de Maître-Gervais.
BENOIT MORIN, Libraire, rue St. Jaques à la Vérité.
A. JOMBERT jeune, la quatrieme maison à droite en entrant par le Pont-neuf, n°. 116.

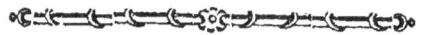

M. DCC. LXXXVI.
Avec Approbation, et Privilege du Roi.

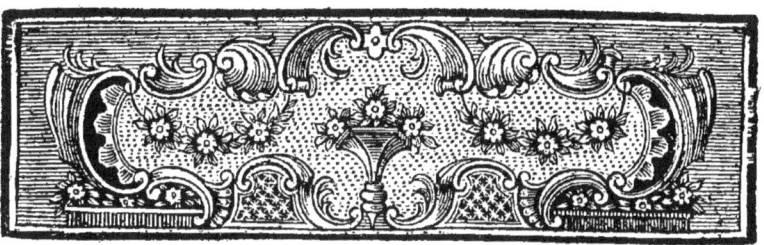

AU ROI.

S IRE,

V OTRE Regne est celui de la Bienfaisance; comme Auguste, Vous annoncez les beaux jours de l'Age d'Or. Quel présage heureux, SIRE, lorsque, dans le cours d'une guerre

a iij

dispendieuse, VOTRE MAJESTÉ sait se passer d'impôt, lorsqu'elle conçoit le noble projet de soulager le malheureux, & d'établir sur des bases invariables le bonheur de ses Peuples!

LE Génie du Prince anime la Nation; votre cœur s'ouvre avec transport aux cris des malheureux : c'est vous, SIRE, qui le premier donnez les grands moyens, qui présidez à l'harmonie des sublimes opérations qui émanent de votre Conseil. Les sentimens de VOTRE MAJESTÉ guident le zele François : on voit se former des établissemens qui caractérisent le Patriotisme & l'amour du bien public. Le Citoyen s'en occupe, le simple Particulier forme des vœux pour y concourir. Tels que les anciens Romains,

EPITRE.

bientôt le seul nom de Patrie nous inspirera ; il regne sur mes sens : j'ose vous présenter, SIRE, l'Ouvrage qu'il m'a fait entreprendre ; daignez en être le protecteur.

Je suis avec le plus profond respect,

DE VOTRE MAJESTÉ,

Le très-humble, très-obéissant
& très-fidele Sujet,
LE CAMUS DE MÉZIERES.

CATALOGUE

DES OUVRAGES

De M. LE CAMUS DE MÉZIERES. 1786.

Le Génie d'Architecture, ou l'analogie de cet Art, avec nos sensations, vol. in-8°. 3 liv. 10 s.

Le Guide de ceux qui veulent bâtir; Ouvrage dans lequel on donne les renseignemens nécessaires pour se conduire lors de la construction, & prévenir les fraudes qui peuvent s'y commettre, 2 vol. in-8°. br. 7 liv.

On en donnera un troisieme & dernier volume dans le cours de l'année, in-8°. 3 liv. 10 s.

Le Supplément au Guide de ceux qui veulent bâtir, broch. in-8°. nécessaire pour completter les deux premiers volumes du Guide, &c. 12 s.

Le Traité de la force des Bois, Ouvrage essentiel, qui donne les moyens de procurer plus de solidité aux édifices, de connoître la bonne & mauvaise qualité des Bois, de calculer leur force, & de ménager près de moitié sur ceux qu'on emploie ordinairement. Il enseigne aussi la maniere la plus avantageuse d'exploiter les Forêts, d'en faire l'estimation sur pied, &c. vol. in-8°. 5 liv.

Plans, Dessins, Détails & Devis de construction de la nouvelle Halle aux grains de Paris, grand in-fol. qui paroîtra cette année. 30 liv.

Description de Chantilly, appartenant à M. le Prince de Condé, vol. in-8°. 2 liv. 8 s.

Lettre sur la maniere de rendre incombustible toute Salle de Spectacle, broch. in 8°. 10 s.

Lettre sur la couverture de l'intérieur de la nouvelle Halle, avec plan, broch. in-8°. 15 s.

Lettre sur les Fours & la Cuisson des Tuiles & Briques, broch. in-8°. 8 s.

Deux différentes Lettres sur la force des Bois, in-8°. 12 s.

Lettre contenant un projet pour le chef-lieu de l'Université, avec plan général, in 8°. 12 s.

Aabba, ou le Triomphe de l'innocence, Roman Grec, 1 vol. in-8°. broché. 1 liv. 16 s.

Mes Délassemens, 1 vol. in-8°. broché. 1 liv. 16 s.

L'Esprit des Almanachs, ou Extrait de plus de deux cents, 2 vol. grand in-12. 4 liv. 10 s.

AVERTISSEMENT.

L'ACCUEIL favorable que le Public a fait à la premiere édition de l'Ouvrage que je préfente, mérite de ma part la plus fincere reconnoiffance. Animé par ce motif, & ne voulant pas abufer du titre pompeux de *nouvelle édition*, revue, corrigée & confidérablement augmentée, je me fuis fait un devoir févere, fcrupuleux même, de ne rien changer à l'enfemble de mon premier Ouvrage. Des raifons légitimes fembloient cependant m'engager à faire une refonte du tout. D'une part, il n'y avoit pas fix mois qu'il avoit été mis au jour, lorfque Sa Majefté jugea convenable d'augmenter les droits impofés fur les matériaux concernant le bâtiment; d'un autre côté, ayant travaillé à un troifieme volume, pour compléter l'Ouvrage, il ne m'étoit pas difficile fans doute de fondre le tout enfemble, & par-là annuler les deux premiers. Ces moyens réunis, ne femblois-je pas autorifé à former trois volumes entiérement différens des premiers, tant par la nouvelle diftribution que par les nouvelles matieres que je pouvois employer;

AVERTISSEMENT.

mais l'Ouvrage en auroit-il valu beaucoup mieux ? Je ne le crois point. D'ailleurs le pouvois-je en galant homme ? Non assurément. L'intérêt public est trop précieux pour ne le pas respecter : aussi ces raisons m'ont-elles servies de guide.

Sur le premier article concernant les impôts, j'y avois remédié en donnant un Supplément qu'on pouvoit acheter séparément, pour se mettre au courant exact des prix.

Quant à la seconde difficulté, elle me semble toute levée, en donnant mon troisieme volume distinct & séparé.

Par ce moyen bien simple, la premiere & la seconde édition ne feront qu'une ; & les premiers acquéreurs seront partagés comme les seconds, en achetant toutefois & le Supplément & le troisieme volume. On les vendra séparément à ceux qui en voudront faire acquisition.

Ce moyen met tout le monde à son aise, & je n'ai rien à me reprocher.

J'ose aussi assurer que, si par la suite il y avoit quelque nouvelle révolution, je ferai ensorte d'y remédier par le même procédé. On peut donc acheter sans crainte les deux

AVERTISSEMENT. xj

premiers volumes, en attendant le dernier, puisque ce dernier sera délivré séparément.

Les matieres qu'il renfermera me paroissent aussi intéressantes qu'utiles. En effet ce n'est pas assez de bâtir; il faut meubler son appartement. Il est nécessaire de connoître cette partie; j'en donnerai tous les détails, comme j'ai fait pour l'article du bâtiment; genre, espece & prix y seront distingués de façon qu'on sera en état de conduire son Tapissier, & même d'en régler les mémoires avec la plus grande exactitude & vérité.

Il y a plus, comme depuis un temps on décore une partie des appartemens avec des papiers, j'ai pensé qu'on pourroit être curieux des prix & des détails de ces objets qui deviennent de plus en plus intéressans par la quantité qu'on en emploie. Le décore en est charmant, semblable à une rose, il en a toute la fraîcheur; peut-être aussi pouvons-nous ajouter qu'il n'est pas de plus longue durée. Mais il faut jouir à moins de frais possibles, & le moyen de cette nouvelle invention est excellent pour ceux qui pensent ainsi. Quoi qu'il en soit, avouons avec ingénuité, que dans nos diſtributions il y a nombre d'endroits qu'on ſeroit embarraſſé de décorer avec autant de légéreté, de propreté & d'agrément qu'on peut aujourd'hui les arranger par le ſecours de cette nouvelle découverte. Dès-lors c'eſt une branche dont j'aurois tort de ne pas parler.

Je n'avois rien dit, dans mes deux premiers volumes, de la partie des glacieres; on m'en a fait des reproches, & j'ai tâché d'y ſuppléer.

On m'a demandé auſſi un petit extrait de la Coutume ſur les loix des bâtimens; je ferai de mon mieux pour y remplir.

Pluſieurs autres petits détails, tels que les pompes en cuivre & en bois, ſont dans le même cas; nous tâcherons d'y répondre. Mes vœux ſont d'être utile aux citoyens honnêtes, je m'eſtimerai heureux toutes les fois que je pourrai le leur prouver par le fait.

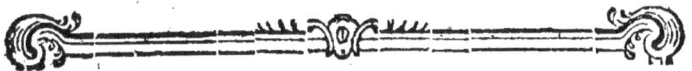

PRÉFACE.

La manie de la plupart des hommes est de bâtir, il en est peu qui n'alterent leur fortune en bâtissant. Quelle en est la raison ? Comme *Architecte*, j'ai cherché à la pénétrer, à la développer ; comme Citoyen, j'en fais part au Public, & c'est sous les auspices de Louis le Bienfaisant que je la mets au jour. Si les vues patriotiques doivent être acuceillies, je mérite quelques égards. Mon unique but est d'être utile, & de remettre l'ordre dans la Bâtisse qui est une branche de commerce dans laquelle il regne beaucoup d'abus. Qu'on ne croie pas que ce soit une basse jalousie qui conduit ma plume ; je ne prétends nuire à personne, mon aveu est des plus sinceres. Mal-à-propos m'accuseroit-on d'en vouloir à ceux qui entreprennent. Je n'attente nullement à leur avantage, je cherche au contraire à leur faire rendre toute la justice qui leur appartient; je serois coupable si je pensois autrement. Un Entrepreneur travaille, se donne des peines, des soins; il avance son argent, il court des risques, n'est-il pas naturel qu'il ait un bénéfice relatif. C'est mon but, ce sont mes vœux, mais en même-temps je desire qu'il y ait une balance, & que le propriétaire ait aussi ce que naturellement le droit lui donne. D'après ce principe, je ne crois pas qu'on puisse me blâmer si je réclame contre les erreurs, les écarts & les fraudes. Je me récrie contre le vice, il est vrai, je fais connoître les artifices que l'on n'emploie que trop souvent dans l'art

de

PRÉFACE. xvij
de bâtir ; mais je n'ai perfonne en vue je plains le coupable, il eft aſſez malheureux par lui-même. Cependant il eft dangereux à la fociété, on ne peut mettre une barriere trop forte à fon ambition, on doit combattre fes moyens, éclairer fes menées. Pluſieurs fans doute fe reconnoîtront dans quelques tableaux de mon Ouvrage ; aucun n'ofera blâmer mes procédés, ce feroit fe démafquer. Que le coupable fe corrige, mes vœux font remplis.

J'ai indiqué le choix de l'Architecte & des Entrepreneurs, j'ai parlé de tous les différens genres d'ouvrages qui fe rencontrent dans le Bâtiment, tels que la Maçonnerie, la Charpente, la Serrurerie, la Couverture, la Plomberie, la Menuiferie, la Pein-

b

ture, la Sculpture, la Miroiterie, la Vitrerie, la Marbrerie, le Carrelage, le Pavé, &c. : je suis entré dans le détail de ces Arts ; j'ai tâché de faire connoître les différentes natures de matériaux, les façons de les employer, les manieres d'opérer ; j'ai donné tous les renseignemens que j'ai pu, pour distinguer le bon & le mauvais ouvrage ; j'ai exposé les retours & les fraudes d'une partie des Ouvriers, & les divers moyens dont ils se servent pour surprendre & en imposer ; j'ai fait voir les dangers de bâtir par économie, les abus des marchés en tâche & en bloc, ainsi que ceux des toisés, avec les développemens & usages tels qu'ils se pratiquent aujourd'hui ; j'ai donné les méthodes pour connoître précisément ce que coûtera un Bâtiment construit, soit

PRÉFACE.

en pierre, foit en moilon, &c.; je me fuis expliqué fur la maniere de faire les paiemens, & d'établir le bon ordre, la difcipline, objets fur lefquels on ne peut apporter trop de foin lorfque l'on conftruit. J'ai terminé par des modeles de devis, par des marchés pour tous les genres d'ouvrages, & je me fuis expliqué de maniere à faire éviter les difficultés qui, pour l'ordinaire, font une fuite de la Bâtiffe, l'occafion prochaine & la trifte annonce de la ruine des propriétaires.

Je m'eftime heureux fi le fuccès de cet Ouvrage répond à mes vues. Je n'ai épargné ni peines, ni foins. C'eft le fruit de plus de quarante années de travail, & j'ofe dire que je n'ai rien hafardé qu'après avoir vu & pratiqué.

Je me fuis fervi du ftyle épiftolaire

PRÉFACE.

pour tâcher d'affoiblir l'ennui que de longues discussions occasionnent ordinairement. J'ai en conséquence divisé mon Ouvrage par Lettres, en réponses aux différentes demandes que je me suis imaginé qu'on pourroit faire sur les divers objets de la Bâtisse; j'ai pensé que ce moyen seroit plus agréable que celui de la division par chapitres, qui entraîne avec elle des dissertations souvent longues & fatigantes. Le genre de Lettre est plus léger & moins pédantesque; on y hasarde de temps à autre des réflexions qui égaient la matiere, & semblent en adoucir les difficultés. Dans une Lettre on passe d'une question à une autre; c'est une conversation familiere, les idées se succedent, elles sont liées naturellement, & il semble difficile de les déranger. Quoi qu'il en soit, je conseille de lire de suite ce

PRÉFACE.

qui concerne la même matiere. J'ai tâché d'y faire régner un enchaînement, qui ne peut que faciliter le progrès des connoissances relatives à l'objet que l'on desire ; j'ai parlé, comme on peut faire, avec un ami que l'on considere, & auquel on est le plus dévoué : en cherchant à mériter son indulgence, j'avoue que c'est celle du Public que je réclame.

Animé par l'espoir d'une pareille faveur, je n'ai donc pas craint de déchirer le bandeau de l'erreur, de dévoiler l'ambition, & de faire connoître cette fille de la cupidité dans tous ses tours & détours. C'est un flambeau que je présente à ceux qui veulent bâtir ; on n'appréhendera plus de se livrer aux attraits de cet Art qui vraiment est séduisant, il en sera plus précieux & plus cultivé. Au surplus je ne cherche pas à faire mon apologie ; c'est écarter les suffrages, que de vouloir les surprendre ou les assujettir. Le Public est mon Juge, qu'il lise, qu'il prononce.

Si quid novisti rectius istis, &c.

LE GUIDE
DE CEUX
QUI VEULENT BÂTIR.

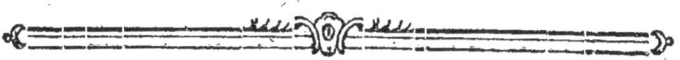

LETTRE PREMIERE.

Sur les agrémens de la Bâtisse, & sur le danger de s'y livrer sans précaution.

L'ESPRIT de propriété a des charmes; il fait naître le desir d'augmenter, d'embellir; on ne peut s'en défendre, nous lui devons l'émulation. C'est lui qui nous guide dans l'arrangement de nos demeures; il nous fait agir, il nous vivifie. Il est donc naturel d'aimer à bâtir. Vous le ressentez vous-même, Monsieur. Mais votre passion n'est pas aveugle, la prudence vous guide, & c'est ici la circonstance où l'on en a le plus besoin. Vous me faites la grace de me consulter; vous demandez mes avis, ce sont des ordres pour moi.

Si l'Art de bâtir a ses peines, il faut con-

Tome. I.   A

venir qu'il a des agrémens bien flatteurs. Avouons-le ingénûment : tous les âges y trouvent leur satisfaction ; il ne faut dans cette occasion que de l'ordre : avec l'ordre les difficultés s'évanouissent ; c'est l'objet sur lequel j'appuierai, s'il vous plaît, & que je vous prie de saisir. Vous êtes vif & entreprenant, jeune & riche ; le plaisir de bâtir vous convient mieux qu'à tout autre. Bâtissons de bonne heure pour jouir plus long-temps. Il semble que l'on doive une espece de tribut à l'Art de construire. Il est en effet peu de personnes qui n'aient bâti, ou du moins qui n'en aient la démangeaison la plus vive. S'il ne s'agit pas d'un Bâtiment complet, ce sera au moins l'arrangement d'une demeure plus ou moins commode, plus ou moins agréable. Ce que nous faisons nous est relatif, nous le disposons suivant notre goût & nos besoins ; notre amour-propre est flatté, nous sommes satisfaits, il nous plaît, nous le contemplons avec des yeux d'indulgence : tel à-peu-près un pere se regarde dans ses enfans.

Ayez de l'ordre, payez exactement d'après vos conventions. Quel plaisir n'aurez-vous pas, en confidérant le progrès de vos travaux, en voyant les foins que vos Entrepreneurs prendront pour vous fatisfaire ? Etes-vous animé du zele d'un bon & véritable citoyen ? Vous envifagerez avec joie que, fi vous employez mille bras à vos ordres, vous donnez la vie à des familles entieres, vous contribuez à l'avantage du commerce ; les travaux le rendent floriffant ; ils occafionnent les confommations de toute efpece ; l'argent circule, vous faites des heureux : eft-il plaifir plus délicat ? Si le Bâtiment exige vos foins, en vous occupant il vous fouftrait à nombre de dépenfes dangereufes. C'eft un bonheur de pouvoir fe livrer à des opérations qui fixent particuliérement notre attention. L'Art de bâtir eft de ce nombre, il fait diverfion ; les inquiétudes, les embarras fe diffipent, il apporte du délaffement ; chaque jour nouvelles fcènes, nouvelles fenfations, idées neuves, nouveaux plaifirs.

Ne vous abufez pas cependant. Tout flatteur que puiffe être le portrait que je viens de faire, il changeroit bientôt de nature, fi vous n'aviez un ordre infini, fi vous n'étiez exact à payer les Entrepreneurs d'après les conventions que vous aurez pu faire : des opérations qui auroient contribué à l'agrément de votre vie, en feroient l'amertume, si vous n'eussiez eu la prudence pour guide. En effet, on commenceroit vos travaux, on ne les finiroit point. Journellement on vous tourmentera pour de l'argent; si vous n'en donnez pas, l'ouvrage sera négligé, le désordre s'y mettra, vous ne pourrez y remédier. Les travaux retardés vous feront perdre non-seulement l'intérêt de votre argent, mais encore la location même d'une maison qui étoit peut-être en valeur, & que vous aurez fait démolir; enfin votre terrein devient un fonds mort, bientôt il ne vous restera plus que les regrets d'une entreprise trop légérement commencée. Heureux encore si on en reste à ce point ! Les travaux suspendus entraînent des poursuites; on saisit, on force la vente, & souvent vous perdez l'argent avancé, la bâtisse & le terrein; vos autres biens sont chargés d'oppositions, vos revenus arrêtés, on vous accable de frais qui doublent vos obligations; plus de tranquillité, vous êtes irrévocablement ruiné.

de ceux qui veulent bâtir.

Telle est, Monsieur, la triste situation de ceux qui se hasardent à bâtir sans précaution. Je finis par un tableau effrayant sans doute : considérez-le avec attention ; je ne crains pas alors le reproche que vous pourriez me faire de vous avoir induit en erreur. Je suis Architecte, il est vrai, je sais mon état ; mais jamais je ne me laisserai conduire par un vil intérêt. Vous pouvez compter sur mes conseils ; je n'hésite pas de vous les donner par écrit.

Malgré les inconvéniens que je viens d'exposer, ne vous effrayez pas, ne renoncez pas à la bâtisse. Les plaisirs sont à côté des peines. L'ordre & la prudence vous feront éviter les écueils : vous bâtirez, vous jouirez, & je vous dirai avec sincérité que bâtir est un des agrémens de la vie. Je suis.....

LETTRE II.

Les précautions qu'on doit avoir avant de bâtir. Combien on doit être circonspect à emprunter. Différens moyens d'emprunts.

Les réflexions que je vous ai adressées derniérement ne vous ont point effrayé : vous voulez bâtir, vous avez des fonds & un bel emplacement dont il est intéressant de tirer parti. Vous demandez que je sois votre guide, rien de mieux ; comptez sur mon exactitude ; c'est mon affaire, c'est à moi à vous défendre.

Actuellement permettez-moi de vous demander si vous avez assez de fermeté pour ne pas vous abandonner aux caprices fréquens des Bâtisseurs, aux changemens, à la démangeaison d'augmenter & d'embellir au-delà de vos premiers projets & de vos facultés. Si cette manie vous prenoit, je vous plaindrois, vous ne pourriez réussir. En effet vous trouverez nombre de personnes qui vous induiront en erreur. Prenez-y garde ; les conseils sont souvent pervers ; ce ne font pas les donneurs d'avis qui paient. On s'imagine que l'on peut varier dans la bâtiſſe, que l'objet qu'on ſe propoſe eſt de peu d'importance. Erreur, Monſieur : les ouvrages de Bâtimens ſont tels qu'un petit changement en entraîne nombre d'autres ; les acceſſoires deviennent immenſes. Je ne veux, pour vous le prouver, qu'un petit exemple. Prenons le premier objet qui ſe préſente. Une baie de croiſée à parer ; il faut le Maçon pour l'ouvrir & en ſceller le chaſſis, le Charpentier pour les linteaux, le Menuiſier pour la fourniture du chaſſis, le Serrurier pour le ferrer, le Peintre pour le mettre en couleur, le Vitrier pour les verres. Il en eſt preſque de même de toutes les parties de la bâtiſſe. Le tout ſe trouve porté au mémoire, la démolition, l'enlévement même des gravois.

Une lucarne changée exige, de plus, le Couvreur & le Plombier. On ne fait pas attention à ces détails, & on eſt ſurpris lorſque l'on voit le total de la dépenſe. Chaque choſe en elle-même, & ſéparément, paroît un foible objet : mais lorſqu'on en vient au tout, la dépense se trouve quelquefois plus que doublée. Quelle en est la cause? Je vous en fais juge.

Autre question. Avez-vous supputé la dépense à laquelle vous pouvez vous abandonner ? Dans deux Bâtimens construits sur le même espace, l'un peut coûter le double de l'autre, & cependant le tout aura été exécuté avec la même intelligence & la même équité: je vous le prouverai.

Si vos fonds sont insuffisans, ne vous fondez pas sur des rentrées douteuses; quand on bâtit, il faut de l'argent comptant. N'établissez pas vos espérances sur des emprunts, c'est une vraie maniere de se ruiner. Si vous n'avez pas en propre les deux tiers environ des fonds nécessaires pour faire face à ce que vous projettez, renoncez à bâtir; autrement vous ne serez plus le maître des différens Entrepreneurs dont vous vous servirez, ils ne peuvent bâtir sans argent. Ne vous arrêtez pas aux promesses de la plus grande partie, gens peu délicats, ils commencent l'ouvrage, sans paroître inquiets du paiement. Mais craignez, c'est un calme trompeur, ils cesseront vos travaux, & vous demanderont de l'argent au moment

de ceux qui veulent bâtir.

même où ils fauront que vous ne ferez plus en état de leur en donner. Alors, fans pitié ils feront faifir réellement votre bien, fe le feront adjuger au plus bas prix, & la fcène fe terminera par la privation du terrein, de la bâtiffe & de l'argent, vous vous trouverez encore endetté. Combien de victimes, combien de triftes exemples en avons-nous !

Revenons aux emprunts. Si vous y comptez, vous tombez dans une erreur fatale. Vous trouverez difficilement à emprunter à rente fonciere, parce que fouvent en femblable cas on veut un denier au-deffus du cours. Ajoutez à cela les frais & droits de Notaire, & jugez qu'alors vous ne pouvez bâtir que d'une maniere onéreufe.

Voulez-vous établir un privilege ? Si vous n'avez le fol en propre, fi vous n'avez même payé de vos deniers une partie de la Bâtiffe, perfonne ne vous prêtera, ou du moins vous éprouverez les plus grandes difficultés. Quelles inquiétudes ! quelles démarches !

Admettons que vous trouviez un emprunt; s'il n'eft fuffifant pour répondre à toute la dépenfe, vous ne devez l'accepter qu'en tremblant; car le premier prêteur étant privilégié, vous en trouverez difficilement un second, & encore plus difficilement un troisieme.

Que les personnes qui bâtissent totalement par emprunt sont à plaindre ! Elles paient presque toujours six pour cent d'intérêt sans aucune retenue, & seroient heureuses, si, malgré la plus grande économie, elles en pouvoient tirer cinq, lorsqu'il s'agira d'apprécier la valeur réelle. C'est donc un sixieme de différence. Ajoutez les intérêts du temps qu'on emploiera à bâtir, c'est un autre sixieme. Il y a encore les vingtiemes, les impositions royales, &, tout calcul fait, vous aurez au moins moitié de perte. Les charges ne font qu'augmenter par les intérêts annuels, & pour avoir eu le plaisir de bâtir, on se trouve ruiné.

La situation est encore bien plus malheureuse quand on emprunte par obligation. Les termes de remboursement arrivent; pour y satisfaire, il faut imaginer de nouveaux moyens qui, de telle nature qu'ils soient, sont perfides. On risque des effets payables au porteur, on escompte, insensiblement la dette grossit, & on devient esclave d'une entreprise mal vue, mal concertée. Vous n'êtes pas dans cet état fâcheux, je le sais, Monsieur; mais j'ai cru devoir vous en présenter le tableau, pour vous prouver que je ne veux vous rien déguiser. Aussi vous répéterai-je naturellement que pour bâtir il faut avoir en argent les deux tiers, ou au moins la moitié de la dépense projettée. Ce n'est pas qu'il faille d'abord donner cette somme aux Entrepreneurs, sous prétexte qu'ils ont besoin d'argent pour commencer; ce seroit se préparer des embarras. Commencez par faire des devis dans lesquels vous inférerez les conventions de paiemens.

Traitez de maniere que l'Entrepreneur soit toujours payé à somme fixe aux époques prescrites; c'est pour lui un grand avantage, & pour vous un ordre des plus intéressans à observer; chacun y trouve son compte. L'Entrepreneur s'arrange en conséquence de ce qu'il doit recevoir, & vous, Propriétaire, vous savez à quoi vous en tenir, ce qui doit être l'objet principal dans cette opération. Mais quelles sont les époques? quelle est la quantité d'argent qu'il faudra donner? Ces idées vous inquiétent, cela ne me surprend point, c'est une suite de votre prudence : rassurez-vous, je vous leverai toutes difficultés dans ma premiere Lettre. J'établirai des principes qu'une longue expérience & une méditation profonde m'ont suggérés. Nous passerons de la simplicité à la richesse, mais nous laisserons toujours à part la Dorure & la Sculpture qui ne peuvent s'apprécier qu'après l'exécution. La valeur change suivant les qualités & quantités, le caprice guide ces sortes d'ouvrages : heureux quand le goût y préside !

Nous n'y comprendrons pas non plus les Glaces, on en peut vouloir une quantité plus ou moins considérable, plus ou moins grande. C'est une chose qu'on ne prévoit pas & qu'on ne peut prévoir lorsqu'on commence à bâtir. Je me réserve cependant de vous en parler lorsqu'il sera temps, ainsi que de la Dorure & de la Sculpture ; mais ce ne sont que des choses accessoires à la Bâtisse, & qui n'y tiennent guères plus que le meuble : c'est donc une branche étrangere à ce que nous nous proposons ici. Contentons-nous pour le moment du corps de bâtiment : c'est

de ceux qui veulent bâtir. 13

l'objet qui vous occupe. Mais ma lettre n'est déjà que trop longue ; ce sera pour le premier ordinaire que je vous en entretiendrai. En attendant, je suis.....

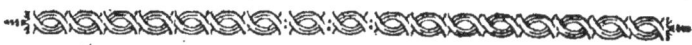

LETTRE III.

Moyens d'apprécier la dépense d'un Bâtiment que l'on voudroit construire.

IL y a différentes manieres de bâtir, Monsieur; le décore est plus ou moins dispendieux; les distributions entraînent plus ou moins de dépense : il faut donc se borner. Nous distinguerons en conséquence quatre especes d'édifices, construits en même élévation & sur pareille superficie de terrein ; chacun de ces édifices élevé d'un rez-de-chaussée avec caves au-dessous, d'un entre-sol, de trois étages quarrés, d'un lambrissé dans le comble, avec pointe de greniers au-dessus.

Premiere Espece.

Les caves en moilons non-piqués, avec arcs en pierre de Vergelé, ainsi que les dosserets & cintres des portes; le rez-de-chaussée jusqu'au premier en pierre, & poitreaux en bois; les étages quarrés au-dessus en bon moilon enduits & ravalés; le décore ménagé, des appuis en pierre aux croisées; dans l'intérieur toutes les pieces plafonées au premier & au second étage, mais dans les pieces principales des corniches simples & peu riches.

Le rez-de-chaussée avec grand carreau de terre cuite, ainsi que le premier, les autres étages en petit carreau.

Les chambranles de cheminée en pierre de liais, les contre-cœurs garnis de plaque de fer de fonte, & des croissans aux jambages.

Les fermetures des boutiques, suivant l'usage ordinaire, en bois de chênes, ainsi que toutes les portes & croisées.

Les portes pleines, assemblées à rainures & languettes bien collées & avec clefs, emboitures, haut & bas, ferrées avec pantures à

de ceux qui veulent bâtir. 15

talons, clous rivés au collet, & gonds à repos, ferrures ordinaires pouffées, à l'exception cependant des portes d'entrées, qui feront avec ferrures de fureté garnies de deux clefs.

Au rez-de-chauffée & au premier les croifées à noix, fermantes avec efpagnolettes & avec des guichets, les croifées des autres étages ferrées avec efpagnolettes, & portant côtes, pour recevoir des guichets dans le befoin.

Les portes du premier étage & celles du fecond à placard avec embrafemens, doubles chambranles de trois pouces & demi à quatre pouces de profil pour le premier, les chambranles de portes du fecond unis; les portes des étages fupérieurs pleines, de bois de chêne, & ainfi qu'il a été dit pour le rez-de-chauffée.

Toute la menuiferie peinte en huile à deux couches, ainfi que les poteaux d'huifferies, les lucarnes, les limons d'efcaliers & les rampes.

La couverture partie en ardoife, partie en tuile fi le comble eft brifé, ledit comble à égouts, des defcentes & des hottes en plomb pour les eaux des cuifines.

Les escaliers avec marches pleines jusqu'au premier étage, les étages supérieurs avec du bois de six à sept pouces de gros.

Tous les bois de charpente d'une grosseur convenable & non multipliés.

De l'économie sans épargne pour tous les gros fers du Bâtiment. Les rampes à barreaux de fer couronnés d'une plattebande étampée, & par le bas de fer applati.

La fosse faite en bon moilon, avec les angles arrondis, fermée d'un chassis de pierre & d'un tampon pareil, pavée ainsi que la cour en pavés refendus en deux, employés avec mortier de chaux & ciment, ou de sable suivant la circonstance.

Le puits en bon moilon, cercé & apparent, avec deux cours d'assises en pierre par le bas, & un bon rouet de charpente au-dessous. La margelle d'un seul morceau de hauteur, & au-dessous deux assises de pierre.

D'après ce tableau un peu long, mais vrai, que je n'ai pu abréger, tous les détails étant nécessaire pour partir de points fixes, on peut établir pour principe que chaque toise superficielle de terrein que couvrira telle Bâtisse, est un
objet

de ceux qui veulent bâtir.

objet de *quatorze cents livres*. Cela posé, multipliant quatorze cents livres par le nombre de toises de la superficie du terrein, on aura le prix réel de la construction entière. Votre Bâtiment doit-il couvrir un terrein de six toises de largeur sur sept de profondeur, ces deux quantités multipliées l'une par l'autre produisent quarante-deux toises, qui, à raison de 1400 liv. chacune, donneront
la somme de . . . . 58800 l.

Il convient ajouter le $\frac{1}{10}$ pour le
chapitre des accidens, ... 5880
      Total. . . . . 64680 l.

Seconde Espèce.

Désirez-vous construire votre rez-de-chaussée jusqu'au premier en pierre dure, & le reste de la hauteur en pierre de Saint Leu, voulez-vous avoir deux chambranles de marbre de Flandre en chacun des deux premiers étages, du lambris d'appui dans toutes les pieces principales du premier étage, & dans deux seulement du second, augmentez de *cent livres* par toise superficielle : ce sera 1500 liv.

Tome I.   B

par toise superficielle, ce qui produira :

1°. Pour lesdites 42 toises, . 63000 l.

Le $\frac{1}{10}$ pour le chapitre des accidens, ... 6300

Total, ... 69300 l.

Troisieme Espece.

Pour cette derniere construction qui renferme les deux premieres, voulez-vous du parquet au premier étage, ainsi que dans trois pieces au second; desirez-vous trois pieces avec lambris de hauteur, dont une à cadre embrevé, & les deux autres à petit cadre, le tout en bois de chêne, des parquets sur sept à huit cheminées pour recevoir des glaces, (observant que le prix des glaces ne peut faire partie de notre évaluation) souhaitez-vous des devantures d'armoires en bois de chêne au premier & au second, pour cacher les tuyaux de cheminées, dont les manteaux seront avec des chambranles de marbre de Flandre, des plaques de fer de fonte dans le pourtour des contre-cœurs & des jambages, des croissans à longues tiges; voulez-vous un cabinet à l'Angloise dans chacun des deux premiers étages ; demandez-vous les peintures de ces deux premiers étages avec vernis, les portes à placard à deux venteaux en bois de chêne, cadres embrevés, doubles chambranles & embrasemens, les ferrures des portes principales à bascules, bonnes & solides, qui n'aient rien de trop recherché, les espagnolettes avec poignées évidées, des guichets aux croisées du premier & du second étage, tous les planchers plafonnés, des corniches au premier & au second, ainsi que dans deux pieces du troisieme, les corniches du premier & du second plus riches que celles proposées aux deux premieres especes ; quelques-unes ornées, si l'on veut, de denticules ou de modillons ; les tuyaux de cheminées faits de fond en comble avec brique de Bourgogne & pratiqués, pour la plupart, dans l'épaisseur des murs, leurs fermetures & plintes en pierre de Saint Leu ; des descentes & hottes pour les eaux en plomb ; le décore extérieur beau & noble sans avoir rien de trop recherché ; quelques bandeaux, quelques corniches dont les cimaises seront en pierre dure, ainsi que tous les appuis des croisées, l'entablement avec denticules ou modillons; la cimaise & ses deux filets en pierre dure; l'intérieur bien approprié, les plafonds blanchis, les corniches de la couleur des lambris & des portes, le tout enfin en bon ordre & renfermant d'ailleurs les conditions d'arrangemens des deux premieres especes, dont nous n'avons pas parlé en celle-ci, de peur de tomber dans les répétitions. La toise superficielle d'un édifice de cette espece doit être évaluée à *dix-sept cent cinquante liv.* conséquemment il doit revenir,

1°. 42 toises à 1750 liv., . 73500 l.
2°. Le $\frac{1}{10}$ pour chapitre d'accidens, ... 7350
Total, ... 80850 l.

Quatrieme Espece.

Si vous employez un Ordre d'Architecture avec pilastres, comptez la toise superficielle à *dix-huit cent vingt livres.*

1°. 42 toises à 1820 liv., . . . 76440 l.
2°. Le $\frac{1}{10}$, ... 7644
Total, ... 84084 l.

de ceux qui veulent bâtir.

Nota. Employez-vous un Ordre d'Architecture avec colonnes ; plus ou moins de hauteur décide du diametre des colonnes, & par conséquent des saillies. On ne peut donc établir aucuns prix, aucuns principes certains ; les mesures seules reglent tout.

Ne vous laissez point séduire par des devis de détail que l'on vous présentera, c'est une pure charlatanerie. On fait naître un grand travail sur un objet qui n'en est pas susceptible. Il y a toujours des parties oubliées, & même qu'on ne peut prévoir ; la pratique seule peut donc servir dans cette occasion.

Je ne prétends pas ici vous donner une opération faite dans toute la rigueur géométrique. Je vous offre le fruit d'une longue expérience, c'est une approximation qui suffit pour parvenir à connoître le terme de dépense.

Je vous avertirai que j'ai forcé mes appréciations de près d'un *dixieme* au-dessus du courant actuel des matériaux. Vous ne risquez rien de faire de même ; il vaut mieux en ce cas se tromper en plus qu'en moins.

Voilà donc une méthode fixe, vous êtes certain de votre dépense ; mais ce n'est pas le tout. Comment prétendez-vous diftribuer votre argent à raifon des progrès de votre ouvrage ? Songez que vous avez une douzaine d'Entrepreneurs à fatisfaire, qu'il faut que chacun d'eux foit content, & que vous le foyez vous-même. Je vous fuggérerai les moyens d'obtenir ce double avantage dans ma premiere Lettre. Je fuis, &c.

LETTRE IV.

Répartition de l'argent à donner, en conféquence des travaux, & les époques qu'on doit obferver dans cette répartition.

Vous êtes fatisfait, Monfieur, vous favez ce qu'il vous en coûtera pour le Bâtiment que vous projettez. Une chofe vous inquiéte, dites-vous, c'eft la répartition de l'argent à donner ; vous avez en effet différens Entrepreneurs à fatisfaire.

de ceux qui veulent bâtir. 23

Pour porter les édifices ordinaires à leur fin, & les rendre habitables, nous comptons onze sortes d'Entrepreneurs. Le Maçon est le premier auquel vous aurez à faire; le Charpentier le second, ensuite le Serrurier; 4°. le Couvreur; 5°. le Plombier; 6°. le Menuisier; 7°. le Carreleur; 8°. le Peintre; 9°. le Marbrier; 10°. le Vitrier, & 11°. le Paveur. Nous ne comprendrons pas ce dernier dans la répartition, il varie trop, une cour plus ou moins grande, & dont on est toujours maître de connoître la superficie, s'apprécie aisément, ainsi que le montant de sa dépense; il suffit de connoître le prix de la toise, nous en parlerons dans son lieu.

Je vous répéterai encore que je ne vous présente ici qu'une approximation, mais une approximation suffisante pour parvenir au but que vous vous proposez.

Je vous ai distingué quatre especes de Bâtiment, je vais faire pour chacune un calcul qui nous servira de guide dans notre opération. Pour y parvenir, supposons une somme. Prenons, par exemple, celle de notre premiere classe 64680 liv., & établissons ce

B 4

que chaque Entrepreneur doit en avoir pour un édifice de la premiere espece.

Premiere Espece.	64680 l.
Le Maçon en aura,	33000 l.
Charpentier,	15000
Serrurier,	5000
Couvreur,	2000
Plombier,	800
Menuisier,	3500
Carreleur,	1500
Peintre,	1700
Vitrier,	1800
Marbrier,	380
Total,	64680 l.

Telle est la répartition qui doit être faite, à peu de chose près, pour la construction d'un édifice tel que nous l'avons désigné pour la première espece, contenant 42 toises superficielles de terrein.

Voyons présentement celui de la seconde espece de construction sur même superficie & hauteur, & que nous avons dit devoir coûter soixante-neuf mille trois cents livres.

de ceux qui veulent bâtir. 25

Seconde Espece. 69300 l.

Maçon, ...	36000 l.
Charpentier, ...	15000
Serrurier, ...	5000
Couvreur, ...	2000
Plombier, ...	800
Menuisier, ...	4500
Carreleur, ...	1500
Peintre, ...	1900
Vitrier, ...	1800
Marbrier, ...	800
Total, ...	69300 l.

Troisieme Espece.

Il s'agit de répartir quatre-vingt mille huit cents cinquante livres, ci . . . 80850 l.

Maçon, ...	40000 l.
Charpentier, ...	16000
Serrurier, ...	6400
Couvreur, ...	2000
Plombier, ...	1500
	65900 l.

De l'autre part, ...	65900 l.
Menuisier, ...	7550
Carreleur, ...	1000
Peintre, ...	2700
Vitrier, ...	1900
Marbrier, ...	1800
Total, ...	80850 l.

Quatrieme Espece.

La quatrieme espece d'Edifice coûtera 84080 liv., cette somme excede celle de l'Edifice de la troisieme espece de 3230 liv. qui doivent se porter sur la Maçonnerie seule. C'est pourquoi l'Entrepreneur Maçon recevra 43230 l. au lieu de 40000, ce qui fera alors pour la somme totale de la construction 84080 liv.

Ces répartitions établies, vous connoissez la dépense totale, convenable à chaque genre de Bâtisse, & ce qui est dû à chaque Entrepreneur proportionnément à son ouvrage.

Changez-vous de dimension ? Avez-vous une somme plus ou moins forte à repartir ? Vous assignerez aisément la part de chaque

de ceux qui veulent bâtir. 27

Ouvrier : faites une regle de proportion.

Suppoſons, en effet, que l'Edifice que vous voulez conſtruire ſoit de *la troiſieme eſpece*, que la dépenſe ſoit un objet de 97020 liv., & que vous vouliez connoître quelle part peut y avoir le Maçon, établiſſez votre regle, & dites :

Si pour la conſtruction de la troiſieme eſpece, 80850 liv. donnent 40000 liv. au Maçon, combien lui donneront 97020 liv.? Le réſultat ſera 48000 liv. Pour y parvenir, multipliez la dépenſe projettée 97020 liv. par la part 40000 qu'il a dans le tableau de la troiſieme eſpece, & diviſez le réſultat par la dépenſe totale dudit tableau.

Etabliſſez enſuite votre tableau d'après cette méthode pour le Bâtiment que vous projettez de troiſieme claſſe, ayant, comme nous avons dit, 97020 l. de dépenſe, ci 97020 l.

Vous aurez à payer, ſavoir :
Pour le Maçon, ... 48000 l.
      Charpentier, ... 19200
      Serrurier, ... 7680
                           74880 l.

De l'autre part, . . . 74880 l.

Couvreur, ...	2400
Plombier, ...	1800
Menuisier, ...	9000
Carreleur, ...	1200
Peintre, ...	3300
Vitrier, ...	2280
Marbrier, ...	2160
Total, ...	97020 l.

Si vous voulez un Edifice de la premiere espece, vous ferez votre regle de proportion d'après les sommes qui y sont énoncées, soit pour chaque Ouvrier, soit pour le total; il en est de même des autres classes.

Vous n'avez donc plus d'embarras; vous avez levé toutes difficultés; vous connoissez, à peu de chose près, ce que vous devez payer à chacun de vos Entrepreneurs. Comptez à présent ce que vous avez d'argent; établissez vos paiemens pour le cours de l'ouvrage, & songez que vous devez payer, au moins moitié comptant, les deux tiers seroient le mieux; mais dans tous les cas, la moitié ou

de ceux qui veulent bâtir. 29

les deux tiers se doivent payer pendant le cours de l'ouvrage, & le reste en deux années, par paiemens égaux de six mois en six mois, à commencer six mois après les ouvrages faits & parfaits & les mémoires remis, alors les époques en seront fixées.

A l'égard des paiemens pendant le cours de l'ouvrage, il faudra les faire à différentes époques, & établir pour loi qu'il en sera payé les deux tiers pendant le cours de la construction, en supposant la dépense totale de 84680 liv.

			s.	d.
Pour Maçonn. en total de 43830 l., les $\frac{2}{3}$		29226 l.		
Charpente, ...16000.......		10666	13	4
Serrurerie, ... 6400.......		4266	13	4
Couverture, ... 2000.......		1333	6	8
Plomberie ,......... 1500.......		1000		
Menuiserie, ... 7550.......		5033	6	8
Carrelage, ... 1000.......		666	13	4
Peinture, ... 2700.......		1800		
Vitrerie, ... 1900.......		1266	13	4
Marbrerie, ... 1800.......		1200		
	84680	$\frac{2}{3}$ 56453	6	8
	Plus	$\frac{1}{3}$ 28226	13	4

Total......................84680

Voilà les sommes à payer à chacun : à quelles époques, me direz-vous, doit-on les faire ? Je vais y répondre ; mais nous observerons avant qu'il faut éviter les fractions, quoique, pour plus grande exactitude, nous les ayons employées dans l'exemple que nous venons de proposer. Nous supprimerons les sols & deniers, & nous n'admettrons que des sommes entieres, les plus approximantes pour faire un total complet. C'est un foible objet qui devient commode pour la facilité du calcul. Nous dirons 27900 liv., & non pas 27898 liv. 13 f. 4 den. Nous observerons la même pratique dans les autres opérations.

29220 liv., & non pas 29220 liv. 13 f. 4 den. Nous porterons pour la Charpente 10670 liv., & non 10666 l. 13 f. 4 d., &c.

RÉPARTITION.

MAÇONNERIE de 29220 l.

Il sera payé, lorsque les fondations seront au niveau des caves, la somme de . . . . 4000 l.

de ceux qui veulent bâtir. 31

Maçonnerie, ci-contre . . . 4000 l.
toutes les voûtes étant cintrées, & la premiere affife de pierre pofée au rez-de-chauffée, ... 4000 l.
Le premier étage élevé quarrément en toute fa hauteur, & fon plancher fupérieur pofé, ... 4000
Le fecond étage auffi arafé, & fon plancher fupérieur pofé, . . . 4000
Le troifieme étage élevé & plancher fupérieur pofé, ... 4000
Les cheminées fermées & le comble pofé, ... 3000
Tous les ravalemens faits, . . 3000
Quinze jours après la remife du mémoire, les ouvrages faits & parfaits, ... 3220

Total, ... 29220 l.

Le tiers reftant fera rempli par paiemens égaux de fix mois en fix mois, &c., ainfi que nous l'avons arrêté, & nous en donnerons le détail, lorfque nous traiterons des Devis. En attendant, il eft effentiel de remarquer qu'on ne doit jamais fpécifier dans aucun marché qu'on paiera les deux tiers ou moitié pendant les ouvrages : cette maniere de s'expliquer feroit fujette à bien des difficultés. Il faut fimplement dire que, pendant le cours des travaux, il fera payé & réparti une fomme fixe, comme ici, par exemple, 29220 l. Cela évite tout compte & toute difcuffion.

Charpente. 10670 l.

Il faut faire la même répartition de cette fomme en cinq paiemens, & fpécifier que, lorfque le plancher haut du premier étage fera pofé, on délivrera 2400 liv., ci 2400
 Le plancher haut du deuxieme, 2000
 Celui du troifieme, ... 2000
 Comble pofé & l'efcalier, en total, ... 2200
 Enfin un mois après les ouvrages faits & parfaits, & les mémoires remis, ... 2070

Total, ... 10670 l.

Le reftant de fix mois en fix mois, &c.

Serrurerie.

de ceux qui veulent bâtir.

Serrurerie.   4300 l.

Il sera fait cinq paiemens pendant le cours de l'ouvrage, savoir :

Le plancher haut du premier étage posé, & les fers placés, .   800

Le plancher haut du second étage posé, ainsi que les fers, . . .   800

Les fers du plancher haut du troisieme étage & ceux du comble posés,   800

Les portes & croisées ferrées, .   1200

Et un mois après les ouvrages faits & parfaits, & les mémoires réglés, ...   700

         Total, . . .   4300

Le restant en deux années par paiemens égaux de six mois en six mois, &c.

Couverture.   700

Pendant le cours de l'ouvrage, mais les deux tiers environ du comble fait & couvert, il sera donné,   800

Les ouvrages faits & un mois

            800

Couverture, de l'autre part. 800 l.

après les mémoires remis & réglés,
il sera payé, ... 500

Total, ... 1300

Le restant en deux années, &c.

Plomberie. 1000

Pendant le cours de l'ouvrage, 500
Cinq cens livres, les ouvrages faits & parfaits, & un mois après les mémoires réglés, . . 500

Total, ... 1000

Le restant en quatre paiemens, de six mois en six mois, &c.

Menuiserie. 5000

Deux mille cinq cens livres, la plus grande partie des portes & croisées posées, ci 2500
Et un mois après le mémoire donné, & les ouvrages faits, parfaits & réglés, ... 2500

Total, ... 5000

de ceux qui veulent bâtir. 35

Le restant en deux années par paiemens égaux de six mois en six mois, &c.

Carrelage. 670 l.

Trois cent soixante-dix livres pendant le cours des ouvrages, ci   370

Et trois cents livres, les ouvrages faits & parfaits, & un mois après le mémoire réglé, ci . .   300

Total, ...   670

Le restant en deux paiemens égaux de six mois en six mois, dont l'époque du premier sera six mois de la date du réglement des mémoires.

Peinture. 1800

On paiera ces dix-huit cents livres en sommes égales & à trois époques.

La premiere, un tiers environ des ouvrages faits, ...   600

Six cents livres lorsque la pre-

600

C 2

Peinture, de l'autre part, 600 l.

miere couche sera totalement posée, & la seconde fort avancée,
ci 600

Six cents livres enfin, un mois
après les ouvrages faits & parfaits,
& le mémoire réglé, ci 600

Total, ... 1800

Le restant en deux paiemens de
six mois en six mois, d'après le
dernier paiement fait.

Vitrerie. 1200

Six cents livres lorsque les ouvrages feront à moitié posés, ci . 600

Et six cents livres un mois après
les ouvrages faits, & le mémoire
réglé, ci 600

Total, ... 1200

Le restant en deux paiemens de
six mois en six mois, à partir de
l'époque du dernier paiement.

Marbrerie. 1200 l.

Il sera donné six cents livres lorsqu'il y aura, à-peu-près, la moitié des ouvrages posée, ci 600

Les autres six cents livres un mois après l'ouvrage fait & le mémoire donné, ci 600

Total, ... 1200

Le restant en deux paiemens de six mois en six mois, d'après l'époque du mémoire réglé.

Dans les quatre derniers articles, concernans le Carrelage, la Peinture, la Vitrerie & la Marbrerie, je n'ai pas suivi les époques de paiement de deux années, pour le restant à payer; l'objet est de trop peu de conséquence pour un crédit de deux ans.

Cet ordre bien établi, on ne craint pas d'être troublé dans le cours de son opération par des demandes importunes, & auxquelles on ne peut répondre qu'en donnant de l'argent, ce qui seroit mal-à-propos; ne sachant pas où l'on en est : cela n'arrive que trop souvent.

De cet ordre on tire encore le plus grand avantage ; en effet, l'ouvrage s'accélere par le desir de recevoir de l'argent ; l'Entrepreneur le voit devant lui, & il sait qu'à telles époques il le doit toucher : cet appas est bien puissant.

Cette conduite a encore un autre avanvage, qui est que l'on stipule, dans le Devis, que les ouvrages seront faits & parfaits pour le temps de....: à époque fixe, sous peine de diminution d'un vingtieme de toute espece d'ouvrage, & l'on ajoute que cette condition n'est pas purement comminatoire, mais qu'elle est de pure rigueur, & qu'elle est une clause expresse du Devis & Marché, d'autant plus que le vingtieme, qui seroit à déduire, n'est accordé audit sieur Entrepreneur que par récompense, à raison de la diligence à laquelle il s'oblige. On sent la validité de ce moyen ; chaque Entrepreneur excite son Confrere à la diligence, l'intérêt est lié, il devient commun. Ceci regarde le Devis, il est essentiel d'en faire, & de les bien cimenter. Mais il y a bien des choses à dire avant d'y songer ; ce qui précede suffit pour cette fois. Je suis, &c.

LETTRE V.

Combien il est essentiel de faire choix d'un bon Architecte, & quelles sont les qualités requises dans cet Artiste.

Vous êtes déjà réglé dans les dépenses des Edifices que vous projetterez. Vous les pouvez calculer, connoissant la superficie du terrein sur laquelle vous voulez bâtir, & étant décidé sur le genre de construction que vous désirez employer ; c'est beaucoup, personne ne peut vous en imposer. Vous avez actuellement le choix à faire d'un Architecte & de vos Entrepreneurs. Ce choix n'est pas du tout indifférent ; vous ne pouvez y apporter trop d'attention : une maison plus ou moins bien distribuée & bien conduite est d'une valeur toute différente. Je vous entretiendrai donc dans cette Lettre des qualités que vous devez désirer dans l'Architecte que vous pouvez choisir. Il est fort aisé de prendre le titre d'Architecte ;

mais combien peu font dans le cas d'en soutenir les qualités ! Evitez de prendre, par recommandation, de ces Architectes éphémeres, qui, à proprement dire, font des Peintres, ou plutôt des deffinateurs en Bâtimens : ils ne voient que des décorations, des embelliffemens, & ne s'occupent nullement de la dépenfe, fouvent même ils ne font pas en état de l'apprécier. Leur but eft de fe faire une réputation d'homme de goût & de génie ; de pouvoir citer tels & tels Bâtimens, fans s'embarraffer s'ils vous ont ruiné, ou du moins s'ils vous ont mis mal à l'aife.

Gardez-vous auffi de vous fervir de ces perfonnes qui n'ont nulle expérience dans le Bâtiment : la bonne volonté ne fuffit pas. La pratique eft indifpenfable, elle ne peut s'acquérir qu'avec le temps & par la continuité des opérations. Vous pouvez leur trouver, je l'avoue, beaucoup de zele, d'empreffement, de goût, même de la probité : mais avec toutes ces conditions, vous ne ferez pas moins victime. L'amour de paroître & de briller les dominera, & vous paierez leur réputation. Mettez un tel Architecte dans la classe de ces donneurs d'avis dont nous avons parlé, qui d'encore en encore augmentent l'ouvrage & la dépense à un degré excessif, & qu'on n'a pu prévoir.

Il est essentiel sans doute qu'un Architecte sache bien le dessin, qu'il en connoisse à fond les principes, qu'il juge des effets; mais celui qui ne sait s'exprimer que sur le papier, fût-ce de la maniere la plus séduisante, ignore les grands principes de l'Art de bâtir. Il ressemble à celui qui auroit la plus belle écriture du monde, & qui ne posséderoit pas l'orthographe, ou qui s'asserviroit à la beauté du caractere sans s'embarrasser du reste. Vous savez quel cas on fait de ces personnes.

Il faut du dessin, & encore plus de pratique & d'expérience.

Outre le grand usage des Bâtimens, l'Architecte qu'on choisit doit avoir une probité à toute épreuve, un goût & des talens connus, une grande intelligence & beaucoup d'activité. Sans toutes ces qualités vous n'avez qu'un homme ordinaire, & vous serez trompé. Il faut encore que cet Architecte sache parler, discuter, écrire. Vous aurez besoin de ces ressources dans mille circonstances. Il s'élévera des difficultés avec vos Entrepreneurs ou avec vos voisins : si votre Architecte n'est pas entendu, s'il ignore les loix des Bâtimens, que ferez-vous ? De plus, n'avez-vous pas des Devis à faire, des marchés à traiter, différens mémoires raisonnés à composer pour vos propres arrangemens, des baux, des transactions à passer, & nombre d'autres opérations de cette espece ? S'il n'a pas de lettres, s'il n'a pas une teinture des affaires, comment s'en acquittera-t-il ? A chaque pas il se trouve des écueils dans le Bâtiment, il faut des connoissances pour les éviter. Il ne s'agit pas de discours emphatiques ou d'un langage de petit-maître ; il faut de la politesse & de la pureté dans l'expression, des études approfondies, beaucoup d'expérience & des connoissances dans différens genres. L'Architecte doit raisonner juste sur tous les ouvrages qui concernent le Bâtiment, il en doit posséder tous les détails, & connoître non-seulement les especes & les qualités de tous les matériaux, mais même leur emploi. Il doit distinguer l'ouvrier le plus habile dans chaque genre, être tout à la fois Maçon, Charpentier, Menuisier, Serrurier, &c., savoir toutes les ruses de chacun de ces états, & en connoître les retours.

Un véritable Architecte connoît les usages & la maniere d'apprécier les ouvrages de toute espece; il sait en réduire les prix à leur juste valeur, en distinguer leurs bonnes & mauvaises qualités, & décider s'ils sont suivant les regles de l'Art. Dans mille occasions, il faut tracer, planter, dessiner en grand, faire des épures (1), en juger.

Ne chargez point votre Architecte de payer vos Entrepreneurs, c'est une affaire délicate; s'il est vraiment honnête homme, il refusera cette commission : il seroit compromis; delà les plus grands abus. Aussi les Entrepreneurs disent-ils, & c'est un prroverbe parmi eux, qu'on ne peut toucher *du beurre qu'il n'en reste aux doigts;* ils savent bien distinguer un Architecte qui ne se mêle jamais de ces opérations. Mais il n'en est que trop qui, sous

---

(1) Epure est le dessin, &, à proprement parler, le trait pour parvenir à la coupe, soit des pierres, soit du bois.

prétexte d'obliger, se chargent de cette opération. Mettez-les dans la classe de ceux dont vous ne devez pas vous servir.

Méfiez-vous d'un Architecte qui oseroit se mêler d'entreprendre quelques parties de votre Bâtiment, c'est un homme capable de tout sacrifier à son intérêt.

Il est encore plus dangéreux de s'en rapporter, pour la conduite générale d'un Bâtiment, à celui qui fait son état de l'entreprise; vous en êtes nécessairement la victime; si ce n'est par la qualité des matériaux, c'est par leur emploi, par les prix, par la multiplication des ouvrages qui lui sont avantageux, quoique vraiment superflus; c'est l'emploi de pierre où il ne faut que du moilon, tantôt la multiplicité des profils, souvent l'intelligence avec les autres Entrepreneurs, de peur qu'ils ne lui reprochent hautement sa cupidité, &c. &c. &c. Prenons un exemple; si c'est le Maître Maçon qui est à la tête du Bâtiment, si c'est lui qui en a fait faire les dessins, vous aurez à payer au Charpentier beaucoup plus que si c'eût été un Architecte. Une piece de bois qui, relativement à sa

de ceux qui veulent bâtir. 45

longueur auroit pu suffire de six pouces de gros, sera de sept à huit, si elle ne passe.

Six multipliés par six produit . . 36
Sept par huit 56
Différence 20

Ce n'est en apparence qu'une foible dimension de plus sur chaque face, & on l'accorde parce qu'on n'ose rien dire, de peur de représailles.

Il en est de même pour l'ensemble des autres Ouvriers.

Avec un Architecte qui ne posséderoit pas bien son Art, vous pourriez tomber dans les mêmes inconvéniens ; faites donc attention à votre choix. S'il n'est pas certain de ses principes, il souscrira à tout ; il craindra de se compromettre, les Entrepreneurs le mettront à l'épreuve, ils le séduiront & lui en imposeront : alors avec la probité, même la plus épurée, il sera dupe & vous paierez.

D'après cet exposé vous direz que le choix d'un Architecte est bien difficile. Il est vrai, ces Artistes sont rares à un certain degré ; mais il s'en trouve. Dans tous les cas, attachez-vous à la probité, à l'expérience, au goût. Ne vous départez d'aucune de ces qualités; il faut qu'elles soient réunies. N'épargnez pas sur les honoraires, choisissez un habile homme, vous y gagnerez beaucoup. Dans le Bâtiment une dépense en entraîne une autre, les objets se multiplient, & le total du mémoire devient effrayant. Mais j'irois trop loin : au premier ordinaire je vous entretiendrai des Entrepreneurs.

Je suis, &c.

LETTRE VI.

Choix des Entrepreneurs, & Observations relatives.

Vous avez besoin pour la construction de votre Bâtiment de plusieurs espèces d'Entrepreneurs; savoir, d'un Maître Mâçon (1), d'un Charpentier, d'un Serrurier, d'un Couvreur, d'un Menuisier, d'un Carreleur, d'un Peintre, d'un Marbrier, d'un Paveur.

Tels sont les Ouvriers principaux que l'on emploie pour la construction d'une maison ordinaire. Mais pour un Edifice considérable, il faut de plus un Sculpteur, un Doreur, un Miroitier, &c. Ces Ouvriers sont tous pourvus d'une Maîtrise; ce n'est même qu'à ce titre qu'ils peuvent seuls donner quittances

---

(1) Le Maître Maçon se qualifie du nom d'Entrepreneur des Bâtimens, à l'exclusion de tous les autres Ouvriers; cette qualité cependant ne lui convient pas particuliérement. Chacun de ces Ouvriers est Entrepreneur dans sa partie. Les Statuts des Communautés sont formels à cet égard.

d'emploi & de subrogation pour établir des priviléges, &c.

Dans le choix que vous aurez à faire de chacun de ces Ouvriers, tâchez de les prendre honnêtes gens, actifs, vigilans & habiles dans leur profession; il est même à désirer que ceux que l'on emploie aient un peu de fortune, parce qu'ils ont de l'avantage dans le choix des matériaux, & dans leurs approvisionnemens; il leur est plus aisé de faire de bon ouvrage n'étant pas obligés d'avoir recours aux expédiens pour se procurer les équipages nécessaires; s'il s'en casse, ils y remédient facilement; un attelier bien fourni est des plus précieux. Un Entrepreneur opulent a de grandes ressources. Celui au contraire qui est gêné dans sa fortune, est continuellement dérangé de ses occupations pour chercher de l'argent, & il se ruine par les gros intérêts qu'il est obligé de subir pour le paiement de sa quinzaine. Observez encore qu'un homme aisé est moins sujet à la bassesse & à l'amour immodéré du vin. Les Ouvriers en sous-ordre profitent des défauts de leurs Maîtres, le mauvais exemple les entraîne,

&

de ceux qui veulent bâtir. 49

& ils perdent leur temps; de-là le peu de bénéfice dans les ouvrages. A prix égal l'un perd, où un autre gagne. Un homme d'ailleurs avec quelque fortune s'expose moins à se deshonorer, que celui qui n'a rien & qui souvent ne sait pas compter avec lui-même. Je ne voudrois pas cependant d'un Entrepreneur trop opulent; accoutumé à une aisance qui le flatte, il veut un bénéfice relatif à ses dépenses: rempli de morgue & bouffi de ses richesses, il dédaigne d'aller à ses travaux, il s'en rapporte à des Commis, souvent infideles, qui lui font tort & à vous en même-temps. De-là naît la tromperie; le mémoire est frauduleux, le Toiseur ne pouvant partir que des renseignemens qu'on lui donne. Le reglement se fait d'après le toisé, & les contestations s'enfuivent.

Tel autre qui avec beaucoup de richesses montre trop d'ardeur & mendie toutes les affaires, est encore plus dangereux. Si de grand matin il se rend à l'attelier avant l'arrivée des Ouvriers, son intérêt particulier l'y conduit: tantôt c'est pour donner à la mauvaise besogne l'apparence de la bonne;

Tome I.   D

accompagné de quelque gens affidés, il cherchera à faire passer pour pierre ce qui n'est que moilon, en mettant au-devant des dalles ou le restant inutile des sciages ; tantôt c'est pour employer de mauvais matériaux, rebut de chantier dont il ne fait les liaisons qu'avec de la terre, en refaisant les joints avec un mortier convenable : une autre fois c'est pour déguiser avec art des profondeurs de fondations jettées au hasard pour la construction, & dont il masque les hauteurs, en rejettant les terres de chaque côté; par ce moyen il vous fait prendre les attachemens dans des parties voisines plus profondes, bien construites, qu'il laisse exprès à découvert. Défiez-vous en général de tout travail de nuit. Veillez donc au choix & à l'emploi des matériaux ; soyez attentif & scrupuleux sur les attachemens, prenez-les contradictoirement, & signez-les de même, autrement vous en ferez la dupe.

Les deux extrémités sont donc à craindre : il faut éviter de prendre un Entrepreneur trop opulent ; de même un qui ne soit pas aisé, & encore plus celui qui seroit endetté.

Vous serez toujours satisfait par un homme

actif, veillant à ſes Ouvriers, & curieux de ſes travaux. Il eſt économe, il ne ſouffre pas le déſordre, ſes atteliers ſont propres, tout eſt en place, & c'eſt un point eſſentiel. Je dirai plus ; un tel Entrepreneur connoît le mérite de chacun de ſes ouvriers, il les emploie à propos. On voit avec plaiſir ſes chantiers ; la qualité, le genre des pierres, la groſſeur des blocs ſe trouvent réunis & diſtingués. Par cet arrangement, ſans avoir recours au calpin de ſes appareilleurs, il fait ce qu'il doit faire pour éviter les grands déchets, & tirer tout le parti poſſible de ſes matériaux. Le coup-d'œil le décide, la grande habitude, l'uſage & les regles de l'Art lui en fourniſſent les moyens. Il s'apperçoit ſi on lui en impoſe. Au coup de marteau de ſes Tailleurs de pierre, il les apprécie, & ſait quel prix il doit leur donner à chacun ; il raiſonne les épures avec ſes appareilleurs, il leur indique la nature des matériaux qu'ils doivent employer.

Veille-t-il à la conſtruction ? d'un ſeul regard il voit ſi les aplombs ſont obſervés, ſi l'on eſt bien en liaiſon, ſi le mortier eſt bien fait ; ſi dans le nombre de ſes Ouvriers il n'y en a pas de mal-adroits. Il examine la quantité de l'ouvrage qu'ils ont fait d'un jour à l'autre ; enfin il observe avec la plus grande vigilance & surveille les Piqueurs, les Compagnons, les Manœuvres. Un tel homme est précieux, sans doute, il ne peut manquer de réussir. Il gagne ; mais ce gain est légitime, il est le fruit de son industrie. L'ouvrage s'avance, on vient au but qu'on s'étoit proposé, & chacun est content.

Il en est de même du Charpentier & des autres Entrepreneurs. Voyez-vous de l'ordre dans leurs atteliers ? Sont-ils surveillans ? Soyez tranquille, ils réussiront, & vos desirs seront remplis. Le bon ordre est la base de tout, & particuliérement de l'art de bâtir.

Un Entrepreneur qui veut faire des plans & s'immiscer dans l'Architecture, n'est pas non plus ce qui vous convient. Il est aussi dangereux qu'un Architecte qui veut entreprendre, ou qui se charge de payer les Entrepreneurs. Défiez-vous, de ces sortes de personnes, je ne saurois trop vous le répéter. C'est l'ambition, c'est l'avidité du gain qui les conduit, & nullement le véritable honneur; ils sacrifient tout à leur intérêt.

Un Entrepreneur qui se propose de vous produire son mémoire en dépense, est à craindre, ne vous y confiez point. S'il ne court aucun risque, il lui est égal que ses Ouvriers travaillent ou perdent leur temps, que les matériaux soient plus ou moins chers, que les déchets soient plus ou moins considérables : au contraire, plus il dépense, plus il gagne. Les Ouvriers connoissent cette maniere d'opérer de leur Maître, ils agissent en conséquence, ils savent ménager leurs bras. Une journée de ces mêmes Ouvriers, conduits par des Piqueurs qui leur ressemblent, ne vaut pas une demi-journée de tous autres qui travaillent sous un Maître actif & vigilant. La plupart des Ouvriers qu'on emploie alors, sont des vieux que l'on fait travailler à titre de récompense, ou à un prix modique; le temps se compte, on met toutes les journées à un taux commun, suivant le courant. Le réglement même ne peut s'opposer à ces abus, il faut payer. Pareille opération pour les matériaux; la valeur est produite sur le pied le plus haut qu'elle ait été portée dans le cours de l'année ; le déchet des matériaux est plus considérable que si l'ouvrage eût été conduit par des personnes actives & intéressées à épargner ; les gravois sont en conséquence en plus grande quantité, & leur enlevement plus coûteux, les tombereaux plus ou moins chargés, & toujours comptés au prix courant. Heureux quand on ne porte pas sur la taille de votre attelier les gravois d'une corvée qui se fait dans le voisinage par le même Entrepreneur. C'est une bévue peut-être qui provient de négligence, soit de la part du Commis, soit du Gravatier, cela est possible. Mais aussi, ce qui est certain, c'est que le tout est porté sur votre dépense, & que vous le payez par provision.

Ce sera bien pis, si le Commis de votre Entrepreneur est infidele ; ce qui n'arrive que trop souvent : dans ce cas il fera différentes corvées pour son compte, & alors le temps & les materiaux seront à votre charge ; n'en accusez pas votre Entrepreneur, il l'ignore souvent, il paie ce qu'on lui porte au rôle, & n'en sait pas davantage. Pour vous, Pro-

de ceux qui veulent bâtir. 55

priétaire, vous rempliffez la dépenfe. Avouez donc de bonne foi que fi votre Entrepreneur eft peu vigilant, vous en êtes la premiere caufe, il y trouve fon avantage. Voila cependant où conduit toute cette apparence d'économie, dans le cas même où il feroit honnête homme.

Le mémoire fe fait, on vous porte le dixieme de la dépenfe pour bénéfice, c'eft l'ufage, on ne peut fe récrier contre; vous payez, & vous penfez avoir fait une bonne opération; mais qu'il s'en faut! l'ouvrage vous revient quelquefois à plus de moitié au-delà de ce qu'il vous en auroit coûté, étant payé au toifé. Ne croyez pas que je cherche à vous faire une efquiffe exagérée: examinez fi ce que j'avance n'eft pas dans la marche ordinaire. Les Entrepreneurs vous avoueront les peines qu'ils ont avec leurs Ouvriers, les friponeries qu'ils ne peuvent éviter de leur part, malgré la vigilance la plus grande. Leur intérêt propre femble exiger toute leur attention, autrement ils feroient victimes de leur négligence. Comment vous, Particulier, pourriez-vous efpérer vous garantir de ces inconvéniens, s'ils ne le peuvent pour eux-mêmes?

Vous êtes encore plus à plaindre qu'eux, ils ont de la reſſource; il y aura un toiſé, l'ouvrage ſera payé au cours du temps; nombre d'articles ſeront évalués en dépenſe, &c. &c. Moins on aura prodigué de matériaux, moins on aura conſommé de temps, & plus on aura de bénéfice. Pour vous, c'eſt le contraire. Jugez, d'après cela, ſi la maniere de faire travailler en dépenſe eſt avantageuſe. Ne vous effrayez pas de ce que je vous dis, ce ſont des précipices que je vous fais connoître pour que vous puiſſiez les éviter. On tombe ſouvent de Carybde en Scylla. Ne croyez pas cependant que vous aurez fait comme Alexandre, & que vous aurez coupé le nœud gordien, ſi vous faites marché en tâche & bloc avec un ſeul Entrepreneur pour tous les différens genres d'ouvrages : vous en ſeriez la dupe. Comme dans tous les Bâtimens on ne peut apprécier à livre, ſol & denier, la totalité de la dépenſe, un Entrepreneur met toujours un tiers ou une moitié au-deſſus de ce qu'il peut conjecturer ſur la dépenſe de l'entrepriſe. Il faut qu'il gagne ſur chaque genre d'ouvrage. Faites attention encore que

de ceux qui veulent bâtir. 57

les premiers Fourniffeurs doivent avoir, comme de raifon, un bénéfice plus ou moins grand, & que c'eft à vous à payer le tout. Mon expofé eft vrai & fans replique. Il convient d'obferver encore que, dans ce cas, vous n'aurez que des ouvrages imparfaits. Ce feroit une efpece de phénomene fi cela arrivoit autrement. Dans les ouvrages marchandés & fous-marchandés, chacun tend au bénéfice, & delà le détriment de qualité. Cette maniere de bâtir a trop d'inconvéniens; gardez-vous-en bien, vous agirez fur la foi d'un marché, & ce marché eft dénaturé par le moindre changement. Il faut avouer cependant que la Loi eft fage, elle y a prévu; elle défend tout marché en tâche & bloc (1); elle les caffe, les annulle, & réduit tout, comme de raifon, à la mefure & au poids. Perfonne ne peut y être trompé; du moins a-t-on des points d'après lefquels on peut partir. Que la mefure & le poids foient donc la bafe de vos opérations : accordez, comme nous l'avons dit, de bons prix courans; c'eft le feul moyen

---

(1) Arrêt du Confeil du 16 Mai 1697.
Arrêt du Parlement du 9 Août 1707.

d'être bien servi ; il ne s'agit que de tenir la main à l'exécution des opérations.

N'allez pas non plus vous embarquer à travailler par économie ; c'est un moyen de faire une dépense beaucoup plus considérable que celle que vous vous étiez proposée. Tels soins, telle attention, telle vigilance que vous y apportiez, les inconvéniens se multiplient à l'infini : vous avez tout l'embarras, tout le fardeau d'une opération des plus épineuses, il vous faut continuellement l'argent à la main avec les Ouvriers ; les Fournisseurs ne font aucun crédit, il faut répondre à tout ; c'est en vérité un état dur, fatigant & dangereux.

Déchargez-vous donc de tous ces soins sur de bons & fideles Entrepreneurs. Je vous en ai fait le tableau, vous ne pouvez vous y méprendre. Les mesures & les poids seuls doivent vous guider. Du reste, c'est l'affaire de votre Architecte. Il doit faire vos plans, coupes & élévations, dresser vos devis & marchés, veiller à la plantation, juger du bon & solide fonds, décider des qualités & especes d'ouvrages à faire dans chaque partie, prendre les attachemens & vérifier les mesures des ouvrages qui pourront n'être pas visibles, lorsque votre Bâtiment sera fait. C'est à lui à signer contradictoirement avec l'Entrepreneur ces mêmes opérations. Quant aux autres mesures, on est toujours à même de les revoir : elles n'augmentent ni ne diminuent; & une fois les dimensions connues, le toisé réduit tout à sa juste valeur. Vous ne pouvez être trompé, vos prix étant décidés. Si votre Architecte est honnête-homme, comme je le suppose, vous ne payerez que ce qui est légitimement dû. Vous êtes exempt d'embarras, d'inquiétude; il vous suffit de payer exactement aux échéances, & vous êtes libre. Il y a plus, les Maîtres Maçons & les Maîtres Charpentiers sont obligés par la Loi à garantir leurs ouvrages pour Particuliers pendant dix ans, & les ouvrages publics l'espace de quinze; de sorte que, pendant ce temps, s'il arrive quelqu'accident par suite de mal-façon, ces Entrepreneurs, ou leurs repréfentans, font obligés de le réparer. Quant aux autres Ouvriers, leur garantie n'est que d'un an. On peut en effet pendant ce temps connoître les défauts de leurs ouvrages. Il ne faut que de l'ordre dans le Bâtiment pour en éviter tous les désagrémens dont se plaignent, en général, ceux qui ont fait construire sans avoir pris de précautions, & qui s'y sont livrés, sans connoître leurs forces, sans savoir à qui ils devoient s'adresser pour être leur Architecte, sans aucune réflexion sur le choix de leurs Entrepreneurs, sans faire aucun devis & marché, & sans prendre de tempérament pour les paiemens. Je vous en ai assez dit, pour que vous commenciez à plaindre de telles personnes ; elles le sont effectivement, & il est bien difficile de remédier à leur mal, lorsqu'il est une fois arrivé.

Je suis, &c.

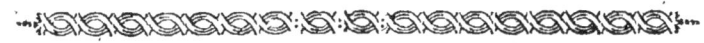

LETTRE VII.

JE suis charmé que mes Lettres vous aient fait réfléchir sur l'envie que vous aviez de bâtir. Votre aveu me flatte, vous rendez justice à ma sincérité; vous voyez que je n'ai rien voulu vous déguiser. J'ai même mieux aimé tomber dans quelques redites, que de vous laisser passer trop légérement sur de certains objets. Vous percez enfin à travers les nuages, vous vous mettez sur la voie, vous me témoignez que la fin de ma Lettre vous a rassuré, & que vous vous appercevez bien qu'il ne faut que de l'ordre pour éviter les malheurs inséparables d'une entreprise mal concertée. Cela est vrai, Monsieur, &, comme vous l'observez très-bien, il suffit de s'établir des principes certains, & ne s'en pas départir, faire le choix d'honnêtes-gens actifs & intelligens, pour être à la tête de vos travaux, être exact à faire remplir les conditions de vos devis & marchés, & en même-temps ne pas manquer d'un instant à vos engagemens personnels pour les paiemens. Par ce moyen vous trancherez toute difficulté ; vous bâtirez avec agrément. Vous me devez cet avantage, dites-vous : je m'eſtime heureux ſi je puis vous être utile ; conſultez-moi, ne craignez pas de me fatiguer par les queſtions, mon but eſt de vous guider ; ſoyez perſuadé de mon dévouement. Je ne veux vous rien laiſſer ignorer, puiſque vous m'en priez. Vous déſirez un travail un peu étendu, il eſt vrai ; mais j'en accepte la tâche avec plaiſir. C'eſt un cours-pratique de Bâtiſſe, vous le voulez, j'y conſens, & par le premier Ordinaire, je continuerai à vous faire part de mes réflexions.

Je ſuis, &c.

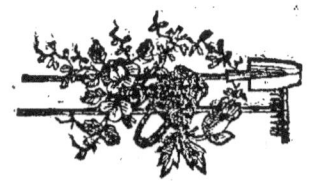

LETTRE VIII.

Des différens genres de construction. Des carrieres des environs de Paris, & de leurs diverses qualités de pierres. Observations sur la pierre.

J'ai bien senti que vous me prendriez au mot; mais je n'avois pas prévu que vous me fixeriez ma tâche; je l'accepte cependant, toute longue & toute pénible qu'elle soit : je vous obligerai, dites-vous, cela me suffit, & sans autre préambule je commence.

Comme il y a différens genres de construction, il y a aussi des matériaux de différentes especes, de différente nature; les prix en varient suivant les qualités, & suivant les lieux où ils sont employés.

Il seroit moins surprenant de trouver en Italie des Edifices complets, bâtis en marbre, que d'y en voir de construits en pierre d'Arcueil; chaque pays a ses matériaux propres, les vante & connoît leur emploi : je me contenterai de vous entretenir de ceux dont on se sert dans notre Capitale ; fixons-nous donc une marche, & pour ne pas nous écarter, suivons l'ordre de la Bâtisse. La Maçonnerie se présente : entrons dans ses détails ; jettons un coup d'œil sur les différentes especes de constructions, nous en trouverons de onze sortes principales, ou environ.

On construit 1°. un Edifice en pierre dure ; 2°. en pierre dure pour le bas, & en pierre tendre au-dessus ; 3°. on en construit en pierre seulement les angles, les tableaux des portes & des croisées, le reste est de remplissage avec brique ; 4°. ou avec meuliere ; 5°. ou avec moilon ; 6°. on emploie dans la Bâtisse ordinaire la meuliere ; 7°. le moilon ; 8°. on fait des Bâtimens en pans de bois, dont les espaces sont hourdés, & le tout recouvert en plâtre ; 9°. on se contente quelquefois de les hourder & enduire entre poteaux, & de laisser les bois apparens ; 10°. de faire le remplissage entre les poteaux avec du torchis (1), & d'en blan-

---

(1) Le torchis se fait avec de la terre franche & du foin, ou de la paille hachée.

chir

de ceux qui veulent bâtir. 65

chir la superficie avec un lait de chaux; 11°. on bâtit avec du grais.

Les autres especes de Bâtisses ne méritent pas d'attention, & ne sont relatives qu'aux endroits où on les emploie.

N'envisageons, pour l'instant, que Paris & ses environs; & quand nous saurons bien analyser ce qui s'y pratique, nous n'aurons pas grande difficulté à apprécier ce qui se fait ailleurs.

Connoissons d'abord les matériaux que nous avons à employer; commençons par la pierre: il y en a de deux sortes dont on fait usage, la pierre dure & la pierre tendre.

De la pierre dure.

La meilleure pierre dure se trouve aux environs de Paris, du côté de la partie méridionale de la riviere: il y en a de différentes qualités, soit pour la beauté, soit pour la dureté & pour la solidité.

La beauté consiste en ce que la pierre soit pleine, franche & d'une couleur gaie & agréable; le grain doit en être serré, bien lié; point de coquilles, point de petits fils; les moyes,

Tome. I.   E

qui font des parties tendres & graveleufes, ainfi que les différentes couleurs qui fembleroient vergéter le parement, & en empêcher l'union & l'accord, font des vices. Lorfque les parties de la pierre font bien liées, la taille des arrêtes en eft plus vive & les arrêtes plus durables. La dureté & folidité conviennent dans tous les cas, & par conféquent doivent avoir la préférence : il faut réunir ces deux qualités, & fuppléer par l'art à ce que refuferoit la nature. Tous les blocs fortans de la même carriere ne font pas de femblable qualité, la maniere de les placer peut y fuppléer. Une excellente pierre pour la fermeté, qui cependant feroit coquilleufe & auroit quelques petites moyes, quelques fils, pourvu qu'ils ne foient pas traverfans, ne pourroit fe placer dans une façade ; mais ce qui ne s'emploie pas dans un endroit doit trouver fa place dans un autre.

Obfervons encore que toutes les pierres, ainfi que le moilon des environs de Paris, ont des lits. Il eft effentiel d'y faire attention. Il ne faut jamais fouffrir les lits en paremens, ni même en joints. Ces derniers feroient plus tolérables, mais ils font fautifs & contre les regles de l'Art. Si la pierre n'eſt pas ſur ſon lit, elle ne peut porter le fardeau, elle s'en va par feuillets & s'écraſe. En effet, les pierres étant ſur leur lit, toutes les couches ſe ſoutiennent mutuellement; au lieu qu'étant de champ, elles ſe détachent les unes des autres, elles n'ont que des forces diviſées; c'eſt le faiſceau de la fable.

Quand on taille la pierre dure, le premier ſoin qu'on doit apporter eſt d'en ôter tout le bouſin (1), & de l'atteindre au vif. Cette opération ſe fait en l'équariſſant, & avant d'y former aucun trait.

CARRIERES.

Parcourons actuellement les carrieres; commençons par Meudon.

Meudon.

La pierre *des carrieres* de Meudon n'eſt qu'en ſeconde qualité, tant pour la beauté que pour la ſolidité. Son grain eſt griſâtre, & elle eſt fort ſujette à la gelée.

---

(1) Le bouſin eſt une eſpece de croute tendre & molaſſe qui ſe trouve ſur le lit de deſſus, & celui de deſſous de la pierre dure. Il eſt là la pierre ce que l'aubier eſt au bois.

J'ai vu à cette occasion un phénomene; dont je vais vous faire part; vous l'expliquerez, si vous le voulez, je me contente du fait. Parcourant pendant l'hiver un chantier où il y avoit beaucoup de pierres, je m'apperçus que la gelée y avoit causé de grands dommages. La plupart des blocs étoient délités & fendus comme par feuillets; quelques-uns même étoient écartés de près d'une ligne. Je plaignis l'Entrepreneur. Avant la rentrée de la campagne, je retournai à l'endroit, avec quelques amis, pour leur faire voir ces tristes effets. Mais quelle fut ma surprise, lorsque j'apperçus toutes ces pierres *en bon ordre*, & toutes leurs parties réunies & liées, sans y pouvoir découvrir aucunes fentes ni apparence de fatigue. Je fis venir quelques Tailleurs de pierre pour y faire des cueillies, des parties de paremens. Je n'en découvris pas davantage, la pierre sembloit être rétablie dans son premier état. Je ne pus me refuser de la laisser employer. Mais qu'est-il arrivé? c'est que dans l'espace de deux ans elle s'est décomposée & vermiculée; on a été obligé de la changer.

Il se trouve aussi dans ces mêmes carrieres

de Meudon un petit cliquart, qui tient beaucoup de la qualité du liais, il eſt très-fier, il a le grain fort fin, mais il eſt très-ſujet à la gelée, quand on l'emploie dans l'arriere-ſaiſon & dans les bas. Les eſcaliers de la nouvelle Halle aux grains, dont j'ai été l'Architecte, ſont appareillés de cette pierre ; j'en connoiſſois les effets, & j'y ai prévu.

Iſſy & Vaugirard.

Il y a enſuite la pierre des hauts d'Iſſy & de Vaugirard, qui eſt à-peu-près de même nature que celle de Meudon, mais d'une qualité inférieure, quoique plus fière.

Pierre de Liais des Chartreux.

Proche les Chartreux, il ſe rencontre un magnifique banc de liais; ſon grain eſt beau & fin; la pierre eſt pleine, franche, & elle peut porter dix pouces : on ne l'emploie ordinairement que pour des ouvrages précieux, des piédeſtaux, des tablettes, des bancs, &c.

Liais.

Il y en a de deux ſortes : le liais ferault, qui eſt dur, & le liais doux qui eſt plus tendre

Fauxbourg ſaint Jacques.

Vous avez la pierre du fauxbourg ſaint Jacques, qui eſt d'une très-bonne qualité ; mais ſon grain n'eſt pas égal, quelquefois même elle eſt coquilleuſe.

Porte Saint-Michel.

La pierre de la porte St-Michel eſt de la même nature que celle du fauxbourg S. Jacques.

Montrouge.

La pierre de la plaine de Montrouge l'emporte en qualité : ſon grain eſt plus fin, plus égal, & dans partie de ſes carrieres on en trouve qui ſouffre la comparaiſon avec celles des fonds de Bagneux, de la Croix d'Arcueil. On peut regarder ces pierres comme étant de la meilleure & premiere qualité ; le grain en eſt beau, fin & ſerré, d'une belle couleur, bien égale. Ces pierres en général ſont pleines & franches, fermes & réſiſtantes au fardeau. Elles portent depuis dix-huit juſqu'à vingt & vingt quatre pouces de banc, franc & ſans bouſin.

On trouve auſſi dans quelques carrières de la plaine de Montrouge, de la pierre de liais, mais qui n'eſt pas ſi belle que celle qui eſt proche des Chartreux ; ſon prix eſt en raiſon de ſa qualité, & ſa différence à celle qui est proche des Chartreux est du quart au sixieme; de sorte que, si celle qui est proche des Chartreux vaut trois livres, la premiere ne vaut que quarante-cinq à cinquante sols.

Fauxbourg Saint-Marceau.

En tirant vers la riviere, vous trouverez la pierre du fauxbourg Saint-Marceau; elle est d'une bonne qualité pour porter le fardeau : mais, en général, elle n'est pas si belle que celle d'Arcueil, &c. Cependant depuis deux ou trois ans on en trouve, dans ces cantons, des veines qui approchent de la qualité des premieres. On espere en découvrir avec le temps qui équivaudront. J'ignore si cette espérance est bien fondée; il est, en effet, d'observation, que plus on approche de la riviere, plus cette pierre perd de sa qualité.

Ivry & Vitry.

On a ouvert, depuis quelques années, des carrieres à Ivry & à Vitry. La pierre est assez bonne & soutient le fardeau; mais jusqu'à présent elle n'est que d'une seconde qualité.

Creteil & Maisons.

Passons de l'autre côté de l'eau, à Creteil, à Maisons près Charenton, il se trouve un petit liais qui n'eſt pas indifférent ; les Marbriers l'emploient particuliérement pour du carreau.

Saint-Maur.

Près de Saint-Maur il y a auſſi des carrieres dont la pierre eſt dure & de bonne qualité ; elle réſiſte au fardeau & aux injures du temps. Le château en eſt bâti. Elle n'eſt pas belle, elle eſt même griſâtre, poreuſe, & tient du vergelée quant au grain. On en emploie peu aujourd'hui à Paris, ſi ce n'eſt dans le fauxbourg ſaint Antoine à cauſe de la proximité. Cette pierre en effet ne produit pas de bel ouvrage.

Vallée de Fécamp.

On tiroit autrefois beaucoup de pierre de la vallée de Fécamp, on en faiſoit grand cas. Vraiſemblablement le banc de la bonne pierre eſt fini ; celle qu'on en tire aujourd'hui eſt ſujette à la gelée, on ne peut l'employer que depuis le mois de Mars juſqu'au mois d'Octobre, encore faut-il la laiſſer ſécher ſur la carriere. Si on ne prend ces précautions, l'hiver lui eſt préjudiciable, elle feuillette à la gelée, elle ſe décompoſe, étant d'une

de ceux qui veulent bâtir. 73

terre graſſe & argileuſe qui n'a pas pris ſuffiſamment de conſiſtance, & dont la nature n'eſt pas complette.

Conflans lez-Paris, les Carrieres & Charenton.

Nous ne dirons rien des pierres de Conflans lez-Paris, de Carrieres & de Charenton. Elles ſont de foible qualité, & en général on ne doit les regarder bonnes que pour le moilon, ou comme propres à être employées dans le pays où l'on ne fait que des ouvrages ordinaires.

Bons-Hommes, Auteuil & Paſſy.

Si nous deſcendons la riviere de ce même côté, il y a la pierre des Bons-Hommes, celle d'Auteuil, de Paſſy ; elle eſt d'un grain aſſez beau, aſſez plein ; mais elle n'eſt pas d'une bonne qualité, il s'en faut beaucoup. Elle eſt non-ſeulement ſujette à la gelée, mais dans les bas & dans les dehors elle ſe décompoſe promptement. A la voir nouvellement taillée, elle plaît ; elle a les apparences pour elle, il faut s'en défier. J'en ai vu un perron à double rampe à l'Hôtel de Bauvais que j'ai fais conſtruire, pour lequel on avoit pris le plus grand foin; au bout de deux ans on a été obligé de le recommencer, & aucune des pierres n'a pû fervir.

Saint-Cloud.

Plus bas fe trouve la pierre de Saint-Cloud, qui eft d'un beau banc, fort haut & uniforme; elle eft d'une affez belle couleur, elle eft dure & un peu coquilleufe. On en tire des blocs confidérables. Le fronton de la colonnade du Louvre en eft couvert; un feul bloc a fuffi; on l'a fendu en deux fur fa hauteur, & chaque partie contient cinquante-quatre pieds de longueur, fur huit de largeur.

Telle eft en général la qualité des pierres dures des environs de Paris. On fe fert auffi d'une pierre plus tendre qui fe trouve dans les mêmes carrieres. Nous en parlerons dans la premiere Lettre. Obfervons pour l'inftant que toute la pierre fe vend au pied cube, rendue au chantier, & que chaque pied cube pefe, favoir :

La pierre d'Arcueil, ... 140 l.
La pierre de Liais, ... 165

Quant aux autres, elles different très-peu de celle d'Arcueil, elles font cependant un peu moins pefantes.

LETTRE IX.

De la Lambourde. Du Moilon. De la pierre de Meuliere. De la pierre tendre. De la pierre de S. Leu, de Vergelée, de Troſſy. De celle de Pontoiſe, & de celle de Conflans.

Jugez de mon zele & de mon exactitude. Hier vous avez reçu une Lettre, aujourd'hui en voici une autre. Je ſuis dans les carrieres, il faut m'en tirer promptement.

Je vous ai promis de vous entretenir de la Lambourde, qui eſt une pierre tendre qu'on trouve dans les carrieres de pierre dure.

De la Lambourde.

Cette pierre ſe taille proprement & aiſément; elle conſerve ſes arrêtes & ſes angles, lorſqu'on l'emploie avec ſoin; on s'en ſert très-volontiers, comme du Saint-Leu, mais elle n'en a pas, à beaucoup près, la qualité; elle réſiſte moins au fardeau, & eſt fort ſujette à la gelée. Il y a beaucoup de différence d'une Lambourde à l'autre, elle suit en qualité la nature de la carriere dont on la tire ; de sorte que la Lambourde d'Arcueil est meilleure que celle du fauxbourg Saint-Jacques, celle du fauxbourg Saint-Jacques que, &c.

Ces pierres se vendent & se réduisent, ainsi que la pierre dure, au pied cube, & le Carrier la livre à Paris en l'attelier qu'on lui désigne.

Du Moilon.

Toutes ces mêmes carrieres fournissent aussi du moilon : il est plus ou moins conditionné, suivant la nature de la carriere dont il se tire, la qualité de la pierre en décide. Le moilon a ses lits, ainsi que la pierre; dans l'emploi faites-y attention : ne le mettez jamais de lit en parement, non plus que de lit en joint. Pour que le moilon soit bon, il faut qu'il ait sept à huit pouces de largeur, douze à quinze pouces de longueur, sur six à huit de hauteur. Nous parlerons de son emploi.

De la pierre de Meuliere.

On se sert aussi de la pierre de Meuliere en place de moilon. Cette pierre est dure & poreuse. C'est pourquoi le mortier s'y attache plus amoureusement qu'au moilon ordinaire; mais aussi elle en consomme beaucoup plus. C'est une des bonnes maçonneries que l'on puisse faire. Cependant, comme il y entre beaucoup plus de mortier que dans toute autre construction, il faut aussi plus de temps pour sécher l'ouvrage, afin qu'il puisse prendre une consistance assez ferme pour résister au fardeau. Dans ces sortes d'ouvrages dont on veut jouir promptement, le mortier ne peut être trop bien conditionné, encore vaut-il mieux, dans les élevations, employer le plâtre. La pierre de Meuliere n'a pas de lit a observer. On la tire des environs de Corbeil; elle se trouve à un pied & demi, deux pieds de terre environ. Chaque paysan l'approvisionne tous les ans en labourant son champ. Il en fait un tas qu'il vend à des Voituriers par eau ; ceux-ci la rendent à Paris au port de la Greve, ou autre. Elle se vend à la toise cube; & la voiture, depuis le port jusqu'à l'attelier, est payée par l'Entrepreneur.

Vous savez qu'une toise cube est une masse qui a six pieds dans chacune de ses dimensions, longueur, largeur & hauteur. Ces dimensions multipliées l'une par l'autre produisent *deux cents seize pieds*. Supposons six pieds de long multipliés par six pieds de large, vous aurez trente-six pieds, lesquels trente-six pieds, multipliés par six pieds de hauteur, donneront deux cents seize pieds cubes.

Cette pierre bien employée, suivant les regles de l'Art, avec de bon mortier, & en suffisante quantité, fait une excellente construction; mais, comme nous avons dit, on doit y apporter des soins, & la poser en bonne liaison.

Le pied cube de pierre de Meuliere employé avec mortier pese cent vingt-cinq livres, un peu plus ou un peu moins, suivant qu'elle est plus ou moins poreuse.

Nous observerons, en passant, qu'il entre en eau dans la construction un tiers du cube des matériaux qu'on emploie; il faut que toute cette eau se dissipe & s'évapore, & elle est plus ou moins de temps à raison des épaisseurs des murs.

De la pierre tendre.

Cette pierre se tire des environs de Saint-Leu-sur-Oise. Il y en a de trois sortes, *le Saint-Leu, le Trossy & le Vergelée.*

Saint-Leu.

La pierre *de Saint-Leu* est tendre & pleine, elle est d'un beau grain, d'une belle couleur, & elle conserve ses arrêtes assez vives. Les profils s'y poussent aisément, & on coupe cette pierre comme on veut; elle a cependant ses lits qu'on doit observer. Son défaut est qu'elle ne résiste pas au grand fardeau, & qu'elle ne peut s'employer dans les bas, à cause de *l'humidité.*

Trossy.

Le *Trossy* se trouve dans une carriere qui est de l'autre côté de l'eau, il a les mêmes défauts & les mêmes qualités que le Saint-Leu. On lui connoît cependant un mérite de plus, le grain est plus fin, il est moins sujet aux vergetures & taches jaunes. Sa couleur est plus égale, & on en peut tirer des blocs considérables pour la grosseur.

Vergelée.

Le *Vergelée* se tire aussi du même canton, & d'un banc de ces mêmes carrieres ; mais le meilleur se prend dans les carrieres du village de Villiers près de Saint-Leu. Son grain est plus ferme, plus gros, plus dur que celui de la pierre de Saint-Leu. Il approche du coquilleux, la couleur en est grisâtre. Cette pierre résiste mieux au fardeau que celle de Saint-Leu; mais elle ne conserve pas ses arrêtes aussi vives, & ne se taille pas aussi proprement. On l'emploie souvent pour éviter la dépense de la pierre dure, & elle est d'un excellent service pour les endroits de peu d'importance.

Ces carrieres sont à bouche, & on fait près d'un quart de lieue sous terre, pour aller trouver l'endroit où on travaille actuellement.

Pontoise.

Pontoise, & une partie de ses environs, ont aussi des carrieres immenses de cette nature de pierre de Vergelée; les Ingénieurs des Ponts & Chaussées n'ont pas craint de l'employer

ployer dans les endroits humides qui demandoient de la solidité, & qui avoient un grand fardeau à supporter.

Cette pierre ne flatte pas l'œil, il est vrai, par son grain ni par sa couleur; cependant on doit convenir qu'elle est bonne, certaine, & qu'avec du soin on en fait de l'ouvrage assez propre. Il ne s'agit que du choix & de l'attention.

Conflans S. Honorine.

Il y a aussi de la pierre de Conflans-Saint-Honorine, qui tient du Saint-Leu, mais qui est infiniment plus belle & plus ferme. Les Sculpteurs ne font pas difficulté de s'en servir, son grain étant égal, ainsi que sa couleur; elle n'a pas de veines jaunes & tranchantes sur le fond de la pierre. On l'emploie dans les ouvrages qui demandent le plus de propreté, & on y trouve des blocs de la grosseur qu'on peut desirer.

Toutes ces pierres rendues à Paris, au port du Cours-la-Reine, se vendent au tonneau, c'est l'expression, & le tonneau est de quatorze pieds cubes.

Le pied cube de Saint-Leu & de Troffy pefe 115 livres.

Celui du Vergelée, 119 livres $\frac{1}{2}$.

Celui de Conflans 123 livres.

Vous obferverez que ces poids font pris d'après des pierres fraîchement tirées des carrieres ; mais en féchant, ils diminuent un peu.

En voilà affez pour l'inftant.

Je fuis &c.

LETTRE X.

Je vous ai parlé dans ma derniere lettre des différentes pierres dont on fe fervoit pour la conftruction des Bâtimens de cette Capitale ; dans celle-ci je vous entretiendrai du plâtre, de la chaux, du fable, du mortier, de la brique. Ces objets ne font pas moins intéreffans.

Du Plâtre.

Aux environs de Paris, il y a un grand nombre de carrieres à plâtre, fur-tout en la partie feptentrionale de la riviere. Montmartre,

de ceux qui veulent bâtir. 83

Pantin, Belleville, Mesnil-Montant, Bagnolet, Charonne, &c. en fourniffent abondamment. Il y a deux efpeces de pierre à plâtre: l'une dure & l'autre tendre; toutes les deux fe calcinent au feu. La premiere eft blanche & remplie de fels luifans au foleil; la feconde eft grisâtre & fe leve par lames verticales à leur lit, traverfées par nombre de terraffes, c'eft une forte de talc, ou gypfe, que l'on nomme *grignard*. La pierre à plâtre ou le grignard fe cuifent également, & à cet effet, on en forme des fours près l'embouchure de la carriere, que l'on conftruit d'ailleurs, à pierre feche, comme on feroit un mur, en obfervant d'y pratiquer par le bas de petites arcades de deux pieds & demi de diftance environ du milieu de l'une à l'autre; chaque arcade d'un pied & demi d'ouverture, fur deux pieds $\frac{1}{2}$ de haut environ: la maffe entiere du four eft de 18 pieds de face fur 9 pieds de haut & 18 pieds de profondeur auffi environ. On garnit de bois les arcades, on y met le feu, & on le conferve à-peu-près vingt-quatre heures, ce qui fuffit pour la cuiffon qui doit être faite à feu modéré & égal; un feu trop

F 2

violent rend le plâtre aride & fans liaifon.

Le feu étant éteint, on détruit la fournée, on en écrafe les pierres, ce qui forme le plâtre. Les Plâtriers le rendent à Paris, il fe vend au muid qui eft de trente-fix facs, ou trois voies, de chacune douze facs, & chaque fac de deux boiffeaux ou deux tiers de pied cube; le pied cube pefe quatre-vingt-fept livres, conféquemment un fac pefe cinquante-huit livres, non compris la toile qui l'enferme.

On connoît la bonne qualité du plâtre, lorfqu'en le maniant on fent qu'il eft gras & onctueux; car s'il eft fec & aride, il n'a point d'amour, comme difent les Ouvriers, & il n'eft pas bon; ce défaut lui vient de la cuiffon. Il ne faut pas le garder trop long-temps battu fans l'employer, car il prend l'évent, il ne fe gripe pas avec le moilon, & ne fait aucun corps; en enduit il gerce; tel, à peu près, qu'une terre dont on gobeteroit un mur. Il convient donc d'en faire ufage prefque à la fortie du four. Un rien lui fait perdre fa qualité. Le grand air le deffeche, l'humidité amortit la fermentation de ses sels, détruit leur effet; le soleil en dissipe les esprits & cette onctuosité qui en fait une des principales qualités. Si vous n'avez pas d'endroit pour mettre votre plâtre à couvert, en attendant l'emploi, faites des angars exprès. Vous ne pouvez l'éviter, si vous voulez de bon ouvrage.

Avant de finir l'article du plâtre, je vous observerai un de ses effets fort singuliers, c'est que ceux qui l'emploient n'ont jamais la galle aux mains, les sels crus & mordicans de ce fossile en sont la cause, & ils sont aussi un des agens pour le faire griper & former liaison.

Faites aussi attention à ne pas laisser employer de plâtre noyé, on appelle de ce nom un plâtre où l'on a mis trop d'eau en le gâchant; il ne feroit pas corps dans la construction.

De la Chaux.

On fait venir de différens endroits la chaux pour Paris. Corbeil, Melun en fournissent beaucoup, & garnissent le port de la Grève où l'on va la chercher. On en tire auſſi de la chauſſée près Marly, ainſi que de Meudon. Mais ces deux dernieres ſont médiocres en qualité. La meilleure que nous ayons vient de Senlis. Vous allez me demander comment on connoît qu'elle eſt de bonne qualité. C'eſt en prenant deux de ces pierres cuites & les frappant l'une contre l'autre. Si le ſon en eſt clair & net, ſi toutes les parties en paroiſſent bien liées, d'une teinte égale & d'un beau blanc de lait, vous avez tout lieu d'en eſpérer; trop de blancheur annonce l'aridité des ſels. Votre chaux eſt-elle éteinte; au bout de deux jours elle doit être bien graſſe, bien onctueuſe, & avoir toutes ſes parties bien amalgamées, ſans aucune tache de différens blancs. Une autre preuve de la bonté de la chaux eſt d'abſorber beaucoup d'eau lorſqu'on l'éteint; & il faut même alors qu'elle rende au moins le double en maſſe de ce qu'elle étoit en pierre.

On l'éteint ordinairement dans un baſſin que l'on fait exprès, au bord d'un grand trou ou foſſe qu'on a pratiqué exprès pour la recevoir lorſqu'elle eſt éteinte. Il ne faut pas opérer sur une grande quantité de chaux à la fois, on ne pourroit y suffire à cause de l'eau qu'il faut jetter dessus en abondance ; il y a cependant un terme : si on ne jette pas assez d'eau, la chaux se brûle ; si on en met trop, elle se noie : il faut un juste milieu, de l'attention & de la continuité dans l'eau qu'on emploie, jusqu'à ce qu'elle commence à cesser de fumer. Ne négligez pas de bien faire remuer, avec des rabots, vos pierres, pour qu'elles se dissolvent & s'incorporent plus aisément avec l'eau. Cette opération faite avec soin, la chaux de votre bassin étant éteinte, faites-la passer dans la fosse que vous avez faite plus ou moins grande, suivant votre besoin. Recommencez une nouvelle bassinée, & continuez jusqu'à ce que votre fosse soit pleine. Elle ne vaut jamais mieux que lorsqu'il y en a une grande quantité. Il semble que les sels s'aident les uns les autres ; & en effet la chaux est d'autant meilleure qu'elle est plus anciennement éteinte : ne craignez donc pas d'en avoir grande provision du premier instant, exigez-le même de vos Entrepreneurs.

C'est la pierre la plus dure qui fait la meilleure chaux. Il y a des fours faits exprès pour cuire ces pierres, l'opération demande du foin, un feu suivi & même un feu de réverbere ; c'est ce qui se pratique par la forme du four, qui en dedans est une espece d'ellipse.

Une chaux qui est trop long-temps exposée à l'air ou dans un endroit humide s'évapore d'elle-même : le feu & les esprits s'en dissipent, elle se réduit en cendre & n'est d'aucun usage, c'est une chaux fusée.

Il en est de même de la chaux noyée. Un bateau rempli de pierre à chaux, qui seroit submergé, seroit en pure perte. La chaux seroit mal éteinte, les esprits dissipés, elle n'auroit aucune vertu, elle ne feroit qu'en imposer par sa couleur ; le mortier qui en seroit fait ne vaudroit rien, n'en laissez pas employer, faites-y attention. Ces accidens de bateaux qui prennent eau, arrivent assez souvent, & un Entrepreneur avide & peu curieux de son ouvrage, saisit l'achat de pareille chaux qu'il a pour un très-modique prix : cela est fort mal & contre le bon ordre.

La chaux se vend à Paris au muid ; le muid contient quarante-huit minots de chacun un pied cube qui pese cinquante-neuf livres.

Le muid se divise encore en douze septiers, le septier en deux mines, la mine en deux minots.

On vend aussi la chaux par futaille, chaque futaille contient quatre pieds cubes ; pour un muid, il faut douze futailles, dont six sont mesure comble & six rases.

La chaux ne seroit d'aucun usage pour la bâtisse sans le sable, le ciment, ou autre corps équivalent que chaque pays produit, pour être mêlé avec elle, & former ce qu'on appelle *mortier*. Parlons du sable.

Du Sable.

Le sable de riviere est en général le meilleur. Il s'en tire cependant de la plaine de Grenelle près du fauxbourg Saint-Germain, qui peut s'employer. Il y a même plusieurs Architectes qui lui donnent la préférence, les pointes en étant moins émoussées.

On distingue quatre sortes de sable ; sable de terrein, sable de ravine, sable de riviere & sable de mer. Ce dernier n'est pas d'un bon usage.

Il y a aussi le sablon, mais il ne vaut rien pour la construction. Il est trop fin, trop mêlé de terre, & il ne fait pas corps.

On reconnoît si un sable est bon à être employé, par son grain qui ne doit pas être trop menu, s'il est purgé de tout limon ou autres matieres hétérogenes ; de maniere que, si on le frotte dans la main, il ne doit y laisser aucune impression de malpropreté ou d'ordure. De même, si on le jette dans l'eau, & si, après l'avoir remué, l'eau reste claire, ce sable a la qualité requise ; dans ce cas, lorsqu'on le prend dans la main & qu'on le presse, il est âpre & crie. Méfiez-vous en général des Entrepreneurs sur cet article. Dans les fouilles, lors des fondations, ils trouvent des sables légers, souvent même une espece de terre à four qui ressemble assez au sable, & ils prétendent que ces matieres font un excellent mortier : l'intérêt le leur dicte, ils y trouvent un triple avantage. 1°. Il ne leur en coûte pas d'enlévement, & on le leur paie. 2°. Ils n'ont pas d'autres sables à acheter. 3°. Comme ce sable est terreux & un peu gras, ils n'y mettent, pour bien dire, qu'un lait de chaux, aussi le mortier n'en vaut-il rien, il ne fait pas corps, & fe réduit en poufliere.

Ayez donc foin de faire enlever exactement toutes ces efpeces de fable; n'en fouffrez, fous aucun prétexte, dans l'attelier : tôt ou tard il feroit employé. Comment, en quel endroit ? C'eft ce qui eft à favoir, mais le certain, c'eft qu'il n'y a plus de remede.

Du Ciment.

Le ciment fe fait avec des morceaux de tuile & des débris de couverture que les Cimentiers font ramaffer. Ceux qui font curieux de bonne marchandife en font venir des tuileries. Ils caffent ce tuileau & le broient, fous une maffe de bois cercée avec bandes de fer & armée de gros clous.

La brique & le carreau de terre cuite n'ont pas la même qualité; il ne faut s'en fervir que forcément, d'autant que pareil ciment fe décompofe & fe remet en terre.

Les poteries de grais font excellentes, leur cuiffon eft forte, ainfi que celle de la tuile, Rarement mêle-t-on le ciment qui en provient avec celui de tuile. On le mêle avec celui des poteries recuites, tels que creufets qui fortent des fourneaux de Chimiftes. On appelle ce ciment, *du ciment d'eau forte.* C'eft une petite charlatanerie, fur-tout de la part des Paveurs, qui vous font payer une plus valeur pour cette efpece de ciment, qui dans le fond eft un ciment de pure tuile.

Faites attention encore que fouvent on paffe dans le ciment du fable ou du grais, de façon que votre ouvrage eft très-médiocre. C'eft encore une furprife de la part de votre Entrepreneur, d'autant que le grais étant trop menu, trop délié, il ne fait pas corps, il n'eft pas fufceptible de s'amalgamer avec la chaux, il ne fait que s'en envelopper. On mêle encore dans le ciment d'anciennes démolitions de formes de baffin ou de pavé que l'on écrafe; mais ce ciment a perdu fon amour, fa qualité, & l'ouvrage n'en eft pas des meilleurs. Tâchez donc d'obvier à tous ces inconvéniens par vos Devis, & encore plus par vos foins: vous ne pouvez y apporter trop d'attention.

Du Mortier.

Pour faire un bon mortier, il faut un tiers de chaux, deux tiers de fable, les bien broyer, corroyer avec le rabot, & y mettre le moins d'eau qu'il fera poffible; vous aurez de la peine à faire valoir ce principe. Le travail en eft plus dur, plus difficile pour le Manœuvre, & il femble à l'Entrepreneur que fon mortier fourniffe moins, comme fi l'eau faifoit la partie qui s'identifie avec la pierre.

Votre chaux fera éteinte de plufieurs jours, afin qu'elle ait une forte de confiftance. Votre mortier fera fait au moins la veille du jour de l'emploi. Cette précaution eft d'autant plus nécéffaire, que le trop d'eau s'évapore, fe perd, & en même-temps la chaux & le fable s'amalgament au degré qu'il convient. Ne négligez pas de faire des angars pour cette opération. S'il furvenoit des pluies, votre mortier feroit lavé, votre chaux diffipée, dès-lors plus de fermentation, le fable n'en produifant pas par lui-même, & vous n'auriez, pour ainfi dire, qu'une terre morte.

On ne fait pas assez d'attention à la main-d'œuvre du mortier. On cite celui des anciens; le nôtre le vaudroit, s'il n'étoit pas négligé, comme il n'arrive que trop souvent : d'ailleurs les foibles épaisseurs que nous donnons à nos murs, empêchent le mortier de prendre le degré de consistance qu'il pourroit avoir, s'il n'étoit pas surpris par le hâle & par une sécheresse trop prompte. il lui faut des années pour se faire, se mûrir, devenir aussi dur que la pierre & s'identifier avec elle. Si vous construisez en moilon ou en meuliere, n'employez pas de mortier dans les hauts : il n'est bon que dans les fondations, au rez-de-chauffée, & par-tout où il regne une certaine humidité; c'est le contraire du plâtre. Les murs en pierre souffrent moins de cet inconvénient ; les lits & joints sont moins promptement saisis par l'air, &, étant bien fichés, le mortier a le temps de prendre consistance.

De la Brique.

La brique nous vient de différens endroits; mais en général il n'y a que celle *de Bourgogne*

de ceux qui veulent bâtir. 95

qui nous arrive par eau au port aux Tuiles; quai de la Tournelle, dont on devroit se servir. Toutes les autres n'ont presque pas de consistance & se réduisent eu poussiere. C'est un vice de la qualité des terres, & souvent celui de la cuisson. Leur couleur est d'un rouge très-foncé, & en les frappant, elles rendent un son sourd. Si on les casse, il en sort beaucoup de poussiere. Le grain est comme celui du grais & ne fait pas corps. La brique de Bourgogne au contraire a une forte consistance, son grain n'est pas détaché; c'est une espece de pâte bien liée, elle ne donne point de poussiere; souvent même il y en a qui sont comme vitrifiées à force de cuisson, on diroit qu'elles sont vernissées par taches.

La dimension ordinaire d'une brique est de huit pouces de longueur, quatre pouces de largeur, & deux pouces d'épaisseur; au moins les moules sont-ils en conséquence. Le feu cependant la réduit un peu. Ces dimensions annoncent que, dans la construction, la brique doit toujours être posée en liaison.

On vend la brique au millier, & le millier en languettes de quatre pouces d'épaisseur produit cent onze pieds de superficie, ou 3ʳ. 0. 3. 0. En ce cas il faut trois cent vingt-quatre briques pour une toise. Les briques s'emploient avec mortier, ou avec plâtre; mais en général à Paris on se sert de plâtre. On les jontoie & recouvre d'un foible enduit de plâtre pour les dedans. Quant à celles de la partie des tuyaux de cheminée, qui sortent des combles, on les laisse apparentes; & si l'on est curieux de son ouvrage, & qu'on desire lui donner un air de propreté; on en refait tous les joints, on frotte & laye le tout avec une brique, ensuite on passe une couche d'ocre rouge, & les joints se repassent avec un lait de chaux.

Tels sont les matériaux dont ou se sert à Paris. Dans la premiere Lettre je vous parlerai de leur emploi, & je compléterai ce qui regarde la Maçonnerie, avant de passer à la charpente, à la couverture, &c. Je tâcherai de vous en développer les différentes parties, & de vous faire connoître les différens moyens dont on pourroit se servir pour vous surprendre. Cet article n'est pas un des moins intéressans. Il excite d'avance votre curiosité, curiofité, je le fens; auffi j'aurai attention de ne vous rien déguifer.

Je fuis, &c.

LETTRE XI.

De la conftruction relative à la Maçonnerie.

JE dois vous entretenir de la conftruction relative à la Maçonnerie. Je vous ai fait une promeffe, rien de plus jufte que de m'en acquitter. L'ordre qu'on obferve dans la Bâtiffe nous fervira de guide.

Vos deffins faits, bien arrêtés & cotés, il faudra planter votre Bâtiment, c'eft-à-dire le tracer fur le terrein, dans toutes les dimenfions où il doit être. A cet effet tendez des lignes fuivant le parement de vos murs; faites attacher ou fceller des broches, (1) fur lefquelles vous marquerez par entailles les points

---

(1) Ce font des morceaux de planches pofés horifontalement & de champ.

où les lignes doivent se couper, suivant vos plans & desseins : dans tous les cas elles vous serviront de repaires. Marquez le nud de vos murs à rez-de-chauffée, placez-y vos retraites, vos empatemens ; soyez attentif dans ces opérations; n'allez pas confondre vos points de section, ils sont essentiels pour votre plantation. Faites attention aux angles, &, avant tout, apportez vos soins à votre ligne de direction ; d'après celle de base, c'est d'elle que doivent partir toutes vos dimensions & mesures ; c'est d'après elle que se forment ou les retours d'équerre ou les biais, elle décide de presque tout l'ensemble.

Vos broches bien placées & repairées, vos lignes tendues, vous trouverez ou plutôt vous tracerez d'après leur aplomb votre plan dans le plus profond de vos fondations, vous en ferez élever des parties indépendamment des autres, si le cas le requiert ; car on n'a pas toujours ses aises, & on ne peut se retourner comme on veut, mille inconvéniens s'y opposent. Par le moyen de vos broches repairées, des lignes que vous faites tendre chaque fois que vous en avez besoin, & des aplombs que vous jettez, vous vous retrouvez en tout temps.

Défiez-vous que quelques mal-intentionnés ne changent vos mesures, soit en avançant ou reculant vos broches, soit en changeant vos entailles. Dans ce cas, vous ne vous retrouveriez plus & vous seriez obligé de faire recommencer l'ouvrage.

Partie de ces opérations regardent votre Entrepreneur; si je vous en parle, c'est pour vous mettre au fait de toutes les parties relatives à la construction du Bâtiment.

Votre Architecte y est le plus intéressé, il ne peut y apporter trop de précautions; aussi non-seulement il doit vérifier cette opération, les plans en mains, mais il doit même en former un nouveau plan, sur lequel il cotera toutes les mesures & les angles qu'il trouvera dans la plantation, suivant les sections des lignes, pour connoître, par la comparaison du tracé avec son plan, s'il y a quelques erreurs.

Il est essentiel aussi de marquer & fixer dans toute l'enceinte un niveau, pour pouvoir se retrouver dans les mesures de hauteur de construction, & connoître les profondeurs plus ou moins grandes de fondations : c'eſt une baſe qu'on ne doit pas négliger; c'eſt le centre d'où partent toutes les meſures en élévation. Cette ligne décide des différens ſols, elle eſt eſſentielle pour placer la naiſſance du cintre des voûtes, leur hauteur, celle des portes, arcs & lunettes. De-là auſſi votre ſol de cave fixé, vous ne faites plus d'excavation totale ; vous ne faites que des rigoles pour chercher le bon & ſolide fond. Par cette ligne vous connoiſſez la hauteur de votre rez-de-chauſſée, tant de la Cour que du Bâtiment. Conſéquemment vous ſavez où doit ſe terminer votre empatement, où doit être votre retraite. Vous fixez la hauteur de vos étages, &c., &c., &c.

Que votre Architecte ſoit bien attentif à prendre toutes les hauteurs de vos fondations, ainſi que les épaiſſeurs de chaque partie de mur. Il doit en former un deſſin, & non-ſeulement le cotter, mais même écrire les meſures, les détailler, en former des états, ſuivant les dégrés de conſtruction, ce que nous appellons attachemens.

Un pied ſeul de plus ou de moins de hauteur dans tout le pourtour des murs d'un Bâtiment est un objet.

Faites attention que toutes vos rigoles soient bien de niveau. Si, par événement, il y avoit des parties qui eussent été fouillées, soit pour fosses, puisards, &c. attaquez cette partie en plus basse fondation : si la profondeur en est très-grande, faites-en la construction en bon libage. Ce seroit même le mieux, ayant de bons points d'appuis, d'y bander des arcs en pierre : vous y gagneriez doublement, tant pour l'épargne que pour la solidité.

Dans tous les cas ne négligez rien pour les attachemens. C'est dans ces parties où il y a toujours difficulté, lorsqu'il s'agit du mémoire. Pour y obvier, faites prendre contradictoirement toutes ces mesures, pendant qu'elles sont à découvert; faites en faire des dessins, signez les doubles avec votre Entrepreneur. Si vous avez un Architecte intelligent & qui défende vos intérêts, il ne négligera pas cette opération ; mais il est bon que vous le sçachiez, vous devez veiller à tout.

Ne souffrez pas que dans vos fondations on travaille de nuit; ce seroit un moyen dont on se serviroit pour vous en imposer sur la nature & la qualité de l'ouvrage. Si l'Entrepreneur a de mauvais matériaux, c'est-là l'instant où il cherche à les passer, ainsi que de mauvais sable dans ses mortiers: heureux encore s'il n'y épargne pas la chaux! Un Architecte qui a de la pratique ne s'y laisse pas tromper; il ne peut être trop surveillant.

Revenons & disons que tout ce que nous avons avancé est excellent, si vous avez trouvé le bon fond, à quelques redens près. Vous venez de voir les moyens d'y remédier: mais si vous rencontrez un fond glaiseux, une terre vaseuse & de marais, un sable mouvant, ne vous déconcertez pas; ce sont des difficultés à vaincre, dont vous viendrez à bout avec de la patience & de l'argent.

Avez-vous dans toute l'étendue un fond glaiseux & de marais? commencez par examiner de quelle hauteur est ce lit; tâchez même de découvrir ce qui est au-dessous: à cet effet faites faire un trou de profondeur suffisante pour vous en instruire; par suite de prudence ne faites creuser qu'à plus de six pieds de distance de l'endroit où doit poser votre mur;

de ceux qui veulent bâtir.

par ce moyen vous n'étonnerez pas une portion de terrein que peut-être ferez-vous obligé de conferver.

Si le bon fond n'eft qu'à cinq ou fix pieds au-deffous du fol de vos caves, prenez votre parti; faites creufer la tranchée, & plantez-vous fur le bon fond : mais fi la profondeur devenoit trop grande, faites faire des puits à l'aplomb, des piédroits & trumeaux de votre Bâtiment; élevez des piliers partant de bon fond, apportez attention dans leur conftruction; faites-les faire en bon libage ou en vergelée, ou au moins en pierre de meuliere; bandez des arcs d'ogive de l'un à l'autre, & que la clef qui les fermera foit fix pouces plus bas que le fol de vos caves, la propreté de l'ouvrage le demande, & vous mafquez votre opération.

Voulez-vous un autre moyen, on peut mettre des platte-formes & battre des pieux ou racineaux; mais la premiere opération n'eft guere plus coûteufe, & eft bien plus certaine.

Votre Bâtiment n'eft-il pas d'une grande élévation, contentez-vous de mettre de fimples platte-formes, au-deffous de vos fondations, dont vous aurez dreffé & mis de niveau le fol fur lequel elles doivent fe placer. Il eft de la prudence de mettre des taffeaux au-deffous des joints de vos platte-formes. Ces taffeaux font des maffifs de maçonnerie d'un rang ou deux de moilon de deux pieds & demi de long environ, & de l'épaiffeur des murs. Vos platte-formes feront entretenues dans leurs abouts par queue d'hironde, & on aura attention de mettre les joints fur le milieu des taffeaux. Vous obferverez auffi de répandre dans le fond de votre rigole un ou deux pouces d'épaiffeur de bon fable; votre platte-forme s'en comportera mieux. Dans tous les cas élevez vos murs quarrément, & vos fondations arafées à trois pouces près du fol & niveau de vos caves, faites une retraite de trois pouces de chaque côté. Songez que le mur qui fera au-deffus doit auffi avoir trois pouces d'empatement à un demi-pied environ près du rez-de-chauffée. Conféquemment, fi le mur doit avoir au rez-de-chauffée deux pieds d'épaiffeur, celui au-deffous, en la hauteur des caves, aura deux pieds & demi, & celui qui eft dans la rigole, au-deſſous des caves, portera trois pieds. La bonne conſtruction exige trois pouces de retraite à chaque changement de ſol, mais elle ne permet pas un empatement beaucoup plus fort, ſur-tout ſi le mur eſt en moilon. En effet, le mur porteroit en partie à faux ſur la queue des moilons, & les feroit baſculer.

Arrivé à votre ſol des caves, plantez vos murs, obſervez l'endroit de vos portes & celui des chaînes, pour poſer les pierres qui ſont néceſſaires au ſoutien des arcs. Tâchez que toutes vos chaînes faſſent parpin, c'eſt-à-dire que toutes les pierres portent l'épaiſſeur du mur où elles ſe trouvent. Autrement il faut les garnir par derriere en moilon où en meuliere, & la conſtruction eſt vicieuſe; ne permettez pas même qu'on mette deux pierres l'une contre l'autre en un mur d'épaiſſeur ordinaire; toutes vos pierres doivent porter parpin, autrement cela ne fait que plaquis; un mur bien fait & en bon moilon vaudroit tout autant. En effet un joint montant de dix-huit pouces, qui eſt la hauteur d'aſſiſe ordinaire, tranche & partage en deux un mur, & la pierre eſt ſujette à basculer, n'ayant pas assez d'assiette. Souvent encore dans ce cas le derriere du parement n'est-il qu'une coine garnie de bousin ; quelquefois aussi entre ces deux pierres fait-on le remplissage avec des écales, de la moilonaille & du mortier. Le tout au mémoire se paie cependant comme pierre. Veillez-y donc, je vous en avertis, vous n'auriez qu'une apparence de bonne construction qui vous coûteroit fort cher. La différence du prix est de quatre cinquiemes.

Si par fois vos épaisseurs de murs passoient trois pieds, & que vous voulussiez économiser, faites garnir le derriere de vos chaînes en moilon ou meuliere ; mettez vos assises en liaisons de six pouces, & ayez soin que, si votre premiere pierre a trois pieds de parpin, la seconde n'ait que deux pieds & demi ; la troisieme faisant recouvrement aura trois pieds, & ainsi de suite : mais, dans ce cas, faites-en prendre attachement ; votre Architecte doit y veiller, & il n'y manquera pas s'il est honnête-homme.

Vos pierres seront en liaison par carreaux & boutisse, je m'explique. Vous posez d'a-

de ceux qui veulent bâtir. 107

bord une boutisse; si elle porte trois pieds, le carreau qui sera au-dessus n'aura que deux pieds, afin qu'il y ait de chaque côté six pouces de liaison avec le moilon qui servira de remplissage. Il ne faut pas un plus grand arrachement; le moilon ou la meuliere ne le permettent pas, relativement à leurs dimensions ordinaires. Il n'en est pas de même pour la pierre, les liaisons seront au moins de neuf pouces. Laissons pour l'instant cet article, nous en parlerons lorsqu'il sera question de la bonté de l'appareil. Revenons à la construction en moilon.

Il est essentiel que vos moilons soient en bonne liaison les uns avec les autres, tant sur les faces ou paremens, que dans les épaisseurs des murs, de maniere que tout soit bien garni & bien lié. Votre construction sera par arases dressées & bien de niveau, c'est une regle dont on ne doit pas s'écarter.

Ne vous arrêtez pas à la beauté de la vue du moilon piqué, un bon moilon bien essémilé, vu & apparent vaut mieux & coûte près d'un quart de moins. Dans le premier on ne cherche qu'un parement, l'intérieur du mur est souvent mal garni, & alors même il y a très-peu de liaison entre le moilon de parement & celui de l'intérieur ; c'est un pur plaquis. Dans le dernier, au contraire, lorsqu'on y porte attention, tous les moilons sont en liaison, & souvent deux largeurs de moilon font parpin. Dans les épaisseurs de vos murs, ne souffrez jamais deux joints de suite sur la même ligne, ainsi que deux joints aplomb & se touchant dans les paremens. Il faut que le tout se croise, fasse recouvrement, & soit en liaison de quatre à cinq pouces au moins. Apportez donc vos soins à ce que vos murs soient faits en bon moilon ; ne souffrez pas qu'on les remplisse d'après ceux de parement avec de méchans garnis, éclats de pierre & du mortier, comme il n'arrive que trop souvent. Dans les suites vous auriez le désagrément de voir votre mur se séparer en deux, se boucler & précipiter sa ruine. Vous en connoissez la cause, c'est actuellement à vous à prévenir le mal.

Mais en voilà beaucoup pour cet ordinaire, je m'en apperçois, & je pourrois vous ennuyer. Je finis donc en vous souhaitant le

de ceux qui veulent bâtir. 109

bon soir, & en vous promettant la suite pour l'ordinaire prochain. Je suis, &c.

P. S. Vous êtes à construire vos murs de caves, rien de mieux; mais, avant d'aller trop avant, songez qu'ils doivent porter des voûtes, & que vous devez en former la naissance. Revenez donc aux repaires du niveau que vous avez tracés au rez-de-chaussée, & qui deviennent la base de tous ceux dont vous avez besoin, soit pour la construction de vos caves, soit pour la Bâtisse hors de terre.

Encore une petite observation.

Si vous voulez que vos caves soient bonnes & conservent une température fraîche & égale, il faut charger de quinze à dix-huit pouces de terre l'extrados de vos voûtes, &, autant qu'il vous sera possible, l'entrée ainsi que les soupiraux doivent en être au Nord. On ne néglige que trop ce principe; n'en faites pas de même, sur-tout pour les caves au vin.

LETTRE XII.
Des Voûtes.

Observations pour le cours de la construction.

Vous me rassurez sur la crainte que j'avois de vous avoir ennuyé par la longueur de ma derniere Lettre. Celle-ci, je crois, ne lui cédera pas, je vous en préviens. Pourquoi avons-nous tant de choses à dire?

J'entre en matiere.

Les voûtes peuvent être toutes en pierres; mais, dans la Bâtisse ordinaire, on se contente d'y faire différens arcs, ou arrêtes de lunettes, & le reste avec remplissage de moilon.

Le moyen de tracer l'épure est un art, ou plutôt une science particuliere. En général, l'Entrepreneur a sous ses ordres un Appareilleur qui s'occupe entiérement de cette partie; c'est lui qui fait les épures, qui trace l'ouvrage à chaque Tailleur de pierres, c'est lui qui fait conduire ces mêmes pierres sur le tas, les désigne & les fait connoître au poseur;

de ceux qui veulent bâtir. 111

& souvent même les fait mettre en place. Un bon Appareilleur est un vrai trésor. Il peut, par son industrie, éviter beaucoup de déchet, & tirer les avantages les plus considérables par la maniere de s'orienter, & de connoître, d'un coup-d'œil, où doivent se trouver ses points, ses lignes, ses sections; mais ce n'est pas ce dont il s'agit pour l'instant. Il vous suffit de savoir que toutes les pierres doivent être en bonne liaison, comme dans la construction des murs droits; que toutes les arrêtes soient vives, bien coupées, & ne forment pas de jarets ; que tous les joints des coupes, soit des claveaux (1), soit des voussoirs, tendent au même centre de la voûte, & forment des especes de coin, de façon que les claveaux ou voussoirs ne puissent s'enfoncer au-delà des points qui leur sont fixés. Les coins de bois, les tuileaux ne peuvent suppléer à la coupe, il faut que la pierre la porte elle-même. Ne souffrez donc pas qu'on pose des pierres toutes quarrées, en se con-

---

(1) On appelle *claveaux* les pierres en forme de coin qui forment une platte-bande. On nomme *voussoirs* celles qui servent à former les voûtes.

tentant, lors de la pose, de les écarter par le haut, & de les y entretenir, comme nous avons dit, par du bois ou du tuileau. C'est un défaut de construction, c'est un abus introduit par la cupidité. Les voûtes ordinaires doivent avoir dix-huit pouces de hauteur de coupe, celles en moilon auront la même épaisseur; on choisira les moilons les plus longs, & on aura attention de les poser sur leurs lits, & d'observer qu'ils soient en liaison les uns avec les autres. Les reins seront bien garnis, suivant leur nature, toujours en liaison, & formant arrachement avec les murs. Ne souffrez pas qu'on les remplisse de toute sorte de blocage & moilonailles, avec de mauvais mortier. C'est une erreur introduite en dépit de la solidité, & qui souvent occasionne la ruine de la voûte par le défaut de la butée qui lui est nécessaire. Si la voûte fléchit au tiers de son cintre, il n'en faut pas chercher d'autre cause. Faites donc bien faire les reins de vos voûte. Pour indemniser de ce soin l'Entrepreneur, il lui est accordé, par suite d'usage, pour voute en plein cintre, le tiers de la superficie

de

de ceux qui veulent bâtir. 113

de la voûte, ou ce qui est la même chose, le tiers de sa valeur; & on ne compte que le quart, si le cintre est seulement surbaissé.

Si vos voûtes ne sont point soutenues par les terres & qu'elles soient isolées, il faut que les murs qui les soutiennent aient au moins le quart du vuide en épaisseur, quand la voûte est plein cintre; quand elle est surbaissée, c'est le tiers: ce principe n'est pas de rigueur mathématique, mais il suffit pour que vous sachiez à quoi vous en tenir, & vous décider du premier coup-d'œil.

Vos voûtes étant construites, & vos murs élevés à trois pouces près du niveau des terres, en la partie la plus basse, vous plantez votre rez-de-chaussée, alors vous observez toutes vos baies de portes & celles des croisées: songez que vous devez avoir un empatement de trois pouces que vous produit le mur au-dessous, & que, sur cet empatement, vous y prenez l'épaisseur de la retraite du soubassement de votre Edifice. Cette retraite est, pour l'ordinaire, d'un pouce & demi deux pouces, sur plus ou moins de hauteur suivant le dessin de l'Edifice que vous projettez.

Tome I.   H

Si vous conſtruiſez en moilon ou en meu-liere, vous ne pouvez gueres vous paſſer de deux ou trois cours d'aſſiſe de pierre dure pour le pied de vos murs, particuliérement pour ceux de face ſur les cours ou ſur les rues. Quant à ceux de refend, vous vous en paſſerez ſi vous le voulez; cependant je vous conſeille d'en employer.

Toutes les pierres de ces cours d'aſſiſes doivent être de la meilleure qualité, ſans fil ni moye. Elles ſeront taillées proprement, bien équariées; les arrêtes vives, les angles non-écornés, point d'épauflures ou balêvres; n'y ſouffrez aucun bouſin; il convient que la pierre ſoit atteinte au vif, & qu'elle ſoit franche.

A l'égard de la poſe, ne laiſſez jamais couler vos pierres avec du plâtre; il faut qu'elles ſoient fichées & jointoyées avec bon mortier. Ne ſouffrez pas auſſi les lits trop démaigris, car quand l'édifice vient à prendre fardeau, tout porte ſur les arrêtes & les fait partir. Ayez auſſi attention de donner à vos joints d'aſſiſe trois à quatre lignes de hauteur, faites vos cales en conſéquence. Cette attention est nécessaire, pour qu'il y ait suffisamment de mortier entre les lits des deux pierres qui doivent poser les unes sur les autres, & qu'en même-temps on puisse les ficher comme il convient. A cet effet lors de la pose, on aura grand soin de placer des *cales de bois* de trois à quatre lignes d'épaisseur, & à quatre pouces près des angles, afin de pouvoir ficher & bien garnir tout l'espace entre les deux lits avec de bon mortier, qui puisse prendre consistance & faire corps, avant que les cales, pressées par le fardeau, ne s'affaissent & ne se réduisent de hauteur. Le fer ne vaut rien pour servir de calle, il est trop dur : on se sert quelquefois de plomb, que l'on taille comme des cales; mais c'est pour des morceaux considérables, & qui demandent la plus grande propreté, telles que des colonnes, &c. Le soubassement de la colonnade du Louvre est en pierre de liais employée de cette façon, aussi l'appareil en est-il superbe.

Il est essentiel que les cales d'un même Edifice soient toutes d'une même épaisseur, & il vaut mieux les tenir plus fortes que moins; cette précaution n'est que trop négligée. Aussi voyons-nous que la plupart des Edifices font remplis de balévres & d'éclats, que les arrêtes font brifées, & que les angles des pierres en font particuliérement caffés : la vraie caufe eft la négligence de cette précaution. Il feroit fuperflu de vous obferver que, fi je vous ai demandé toutes les calles de même épaiffeur, c'eft parce que la preffion étant égale, tous les points cedent également, & que, par ce moyen, l'équilibre n'eft point interrompu.

Ne négligez pas vos tableaux des croifées, vos hauteurs d'appui, vos feuillures, vos embrafemens, vos hauteurs de portes, & celles des croifées ; pofez tout en conféquence, & partez toujours d'un niveau général.

Autant pour la beauté & la propreté de l'appareil que pour la plus grande folidité, toutes vos affifes doivent être de même hauteur; & fi par événement vous étiez obligé de faire autrement, vous obferverez que celles qui font fur la même ligne & le même cour d'affifes foient d'un même niveau. En conftruifant en moilon, vous vous fervirez de linteaux en bois : fi c'eft en pierre, vos platebandes ou cintres doivent fe foutenir par la coupe. Mettez pour les plates-bandes un linteau de fer encaftré dans la partie de la feuillure. Cette précaution cependant n'eft néceffaire qu'autant qu'on bâtit rapidement, & qu'on ne laiffe pas au mortier le temps de prendre confiftance.

Obfervez vos cheminées, voyez fi elles ne font pas placées dans l'épaiffeur des murs. Confidérez de quel côté elles doivent être dévoyées, quelle eft la grandeur du manteau, celle du tuyau; préparez vos encorbellemens en conféquence, & ne négligez pas les arrachemens.

Vos cheminées, lorfqu'elles feront prifes aux dépens du mur, feront conftruites en briques; chaque languette aura quatre pouces d'épaiffeur, la largeur du paffage dix pouces; le mur par ce moyen aura donc dix-huit pouces d'épaiffeur, pour que toute la partie de cheminée foit effacée.

Arrafez-vous à la hauteur de votre plancher, pour que l'on puiffe pofer la charpente.

Conftruifez-vous en meuliere? laiffez des trous dans tous les endroits où il y aura des fcellemens à faire; obfervez même ceux qui font nécessaires pour les pattes des croisées : c'est en effet un travail que de faire des trous dans cette construction ; on ne peut y piocher, sans démolir ni dégrader.

Lors de la pose des planchers, vérifiez vos niveaux, examinez si les âtres, si les passages de cheminées sont bien observés, & s'ils sont en la place marquée par les dessins. Si les chevêtres, si les lincoirs sont assemblés suivant les regles de l'art, & si les étriers sont bien posés & faits pour les places. Ne les souffrez pas autrement, ils deviennent inutiles. Faites attention aussi à vos bandes de trémie, & que le fer n'y soit pas trop multiplié. Voyez si le tout est conforme à vos Devis.

Aux autres étages vous apporterez la même attention, les mêmes soins.

Si vous construisez en pierre vos murs de face, vous pouvez vous contenter d'élever en pierre dure, à la hauteur de neuf à dix pieds, & le surplus en amont, peut être en vergelée, jusqu'au premier étage, ainsi que les plate-bandes & cintres, tout le reste de la hauteur en Saint-Leu. Vous pouvez aussi, au lieu de Saint-Leu, employer du moilon. Dans tous les cas, observez vos saillies de corniches, de bandeaux & autres ornemens d'Architecture. Ces masses sont nécessaires, & ne peuvent être rapportées après coup, sans aller contre les regles de la bonne construction. Ne comptez pas sur le fer pour pouvoir relier ces parties; il rouille & périt avec le temps. Il en faut cependant, & il convient de ne le pas épargner dans les entablemens. On ne peut être même trop attentif qu'il y soit employé ce que le Serrurier en aura pu fournir. Les Ouvriers sont fort avides de cette marchandise, & ils en détourneront beaucoup, tel soin que l'on puisse prendre; ils mettent en place des bouts de latte ou d'autres morceaux de bois, de sorte que sept ou huit ans révolus, un entablement tombe, & par sa chute entraîne mille accidens.

Sur la hauteur d'un entablement traîné en plâtre il doit y avoir plusieurs rangs de fantons, ou de côtes de vaches, d'une longueur relative à la saillie. La distance d'un fanton à l'autre sur la même ligne doit être de neuf à dix pouces. Ils seront posés par ligne de niveau, & dans ce cas, ceux de dessous se trouveront au milieu de l'espace de ceux de dessus.

Je ne peux vous fixer, comme je vous l'ai dit, les longueurs & le calibre de ces fers, c'est la force de votre entablement qui en décide, c'est sa saillie. Que le premier rang de vos fantons soit bien scellé, & passe au moins moitié de l'épaisseur de vos murs. En formant ces saillies, on emploie aussi du rapointissage, sur-tout pour les pans de bois & pour les plate-bandes. Redoublez vos soins dans cette opération, sur-tout si c'est de la chevillette; les Ouvriers en remplissent leur sac, sous prétexte qu'ils en ont besoin pour porter leur regle & former les cueillies. Pendant que nous sommes sur l'article du fer, faites attention à vos manteaux de cheminée. Il leur suffit d'une barre retenue par deux fantons peur entretenir leur devers. Les encorbellemens sont non-seulement inutiles, mais même ils sont incommodes s'il arrive quelques changemens. Ayez grand soin qu'on emploie tous les manteaux, & qu'on ne mette pas de bois à leur place. Faites placer à chaque âtre deux bandes de trémie, elles sont nécessaires; car quelquefois on se contente d'une;

de ceux qui veulent bâtir.

on cintre, & l'ouvrage dure ce qu'il peut.

Les fantons, les rapointiſſages, les crampons à brique, tous les fers enfin ſont fort ſujets à être enlevés, ſur-tout ſi votre entrepreneur eſt négligent, qu'il n'ait pas d'ordre dans ſon attelier, & que rien ne ſoit ſerré.

Ne ſouffrez jamais que des fers quelconques reſtent long-temps ſans être ſcellés, vous courriez riſque de n'en pas profiter dans votre bâtiment. Le retard de ſcellement eſt ſouvent une ruſe; ſi on enlevoit tout-à-coup votre fer, vous vous en appercevriez : ne craignez pas qu'on agiſſe de la façon ; on le laiſſe traîner pluſieurs jours, & de temps à autre on l'approche de la ſortie de l'attelier, ou de l'endroit le plus commode, pour l'enlever ſans être apperçu. C'eſt la même choſe pour le bois, &c. Il n'y a qu'un moyen pour y remédier ; c'eſt d'en rendre tout l'attelier garant, de dire, à cet effet, à votre Entrepreneur d'en retenir le montant ſur la quinzaine, & de l'en charger comme de ſa propre affaire; lui faire même ſignifier judiciairement, s'il ne répond pas à votre intention. Dans ce cas vous trouverez bientôt le coupable.

Pardonnez-moi cette digression, elle me paroît nécessaire.

Pour votre dernier étage faites attention à votre entablement, aux saillies de moilon, côtes de vache, fantons, &c., &, comme nous avons déjà dit, veillez aux cheminées, à leurs dévoiemens, aux âtres & passages, aux portes, & enfin à l'arase de vos murs.

Posez votre comble : pour donner de l'aisance & rendre praticables vos greniers, vos murs doivent s'élever au moins à deux pieds & demi au-dessus de l'aire de votre plancher ; autrement on ne peut s'approcher des parties rampantes, le pied des chevrons en empêche, on ne peut même y balayer ; ce sont des refuges à ordure & à vermine.

Mais en voilà assez pour aujourd'hui : le reste de ces observations essentielles sera pour l'ordinaire prochain.

Je suis, &c.

LETTRE XIII.

Des souches de cheminées, soit en plâtre, soit en brique. Des plafonds & des aires des planchers sur solive.

Vous ne vous attendiez pas à recevoir si promptement une de mes Lettres ; mais M***. se rend auprès de vous, & je profite d'autant plus volontiers de l'occasion, que cette Lettre est une suite de la précédente, & qu'il ne convient pas de trop isoler les idées. Je continue donc, & je dis que :

Votre dernier plancher étant posé, vous devez songer à vos souches de cheminée, & étudier votre plan. Comptez le nombre de vos tuyaux, examinez de quels côtés ils doivent être dévoyés pour la facilité de vos appartemens ; voyez s'ils ne se croisent point. Cintrez & ourdez vos passages dans l'épaisseur du plancher, & après avoir arasé votre département, considérez que si vos languettes sont en plâtre, elles ne manqueront pas, lorsqu'elles seront élevées, à pousser & culbuter vos murs de dossiers qui doivent s'élever à deux ou trois pieds environ au-dessus du faitage. C'est un moyen d'éviter les inconvéniens de la fumée; mais pour vous défendre des effets du plâtre, faites porter tous vos tuyaux, lorsque vous construirez, sur de foibles tasseaux de distance en distance, & élevés de trois à quatre pouces de l'aire du plancher. Vos languettes auront du jeu, & vous ne craindrez pas les suites de la fermentation du plâtre qui se fait dans l'espace de trois fois vingt-quatre heures, qui est plus ou moins violente, & qui produit des effets extraordinaires. Ou a vu des encoignures se surplomber considérablement par la suite de nouvelles constructions avec lesquelles elles étoient liées; c'étoit une suite de l'opération des plâtres, quoi qu'à plus de quinze toises de distance.

Les plâtres étant amortis, vous ferez rétablir promptement le vuide entre les tasseaux. Cette opération vaut beaucoup mieux que de faire après coup & à force de marteau une tranchée qui étonne toute la souche & occasionne des crevasses & des lézardes. On ne s'en apperçoit pas dans les premiers instans; mais par les suites ces cassures s'agrandissent, les languettes se détachent du corps des murs, & en peu de temps les fait tendre à leur ruine.

Observez encore que toutes vos languettes de cheminée en plâtre doivent être de trois pouces d'épaisseur, y compris l'enduit; leur donner moins est un abus qui ne tend qu'au bénéfice de l'Entrepreneur & à votre détriment. Faites attention aussi que toutes les languettes soient bien pigeonnées, dressées, soudées & non coulées sur des planches, qu'elles forment arrachement de deux ou trois pouces dans les murs, ce qui est essentiel, & ce qui d'ailleurs est compté par usage dans les toisés : il faut que de deux pieds en deux pieds il y ait des scellemens de bouts de santon; ce moyen, avec les arrachemens, fait une liaison qui empêche pour toujours les languettes de se détacher du mur. Qu'on allegue, si l'on veut, que ce vice vient du tassement des murs, le principe que nous avançons y remédiera, le tout ne fera qu'un corps, &, dans l'ensemble, il y aura équilibre. Ayez soin que vos enduits, tant du dedans que du dehors, soient bien faits & bien dressés. Il est même à propos, pour faciliter le passage de la fumée, que les angles intérieurs de vos cheminées soient arrondis. On en tire d'ailleurs le double avantage, que les tuyaux sont plus intimement liés avec les murs, & qu'ils seront moins sujets à s'en séparer. Il n'y a pas encore fort long-temps qu'on employoit beaucoup de fantons dans le corps des languettes : on en mettoit de pied en pied, plus ou moins. On en a reconnu l'abus, ces fers tranchoient la languette, la rouille s'y mettoit, ôtoit toute liaison, & faisoit périr les plâtres.

Je vous observerai encore que vous devez éviter de faire des languettes en plâtre pour les cheminées où se déchargera la fumée des poëles : la rouille de la tôle & l'humide de la fumée sont des agens qui décomposent vos languettes; on est obligé de les refaire à neuf au bout de cinq ou six ans. Considérez par le dehors les tuyaux de cheminée, vous appercevrez aisément ceux où il y a la décharge

de ceux qui veulent bâtir. 127

des poëles; en un hiver ils font tous impregnés de fumée; les languettes en font pénétrées dans leurs épaiſſeurs, & les plâtres fatigués. On le voit à l'œil, & par expérience une ſouche de cheminée ordinaire, qui ſubſiſte trente à trente-cinq ans, ne durera que cinq à ſix, s'il y a un poële. Il faudroit alors que ces cheminées fuſſent en brique.

Dans l'un & l'autre cas, ayez attention aux enduits; que tous les trous des boulins d'échafauds ſoient bien bouchés; que vos ſolives d'enchevêtrures aient au moins trois pouces de charge, ſi on ne peut les paſſer avec iſolement dans un coffre bien fait, bien enduit. Ne conſtruiſez jamais de tuyaux où un homme ne puiſſe paſſer; il faut à chaque tuyau dix pouces de profondeur ſur au moins vingt-un pouces de largeur. Cette derniere dimenſion eſt la moindre, & s'emploie quand abſolument on ne peut faire autrement.

A l'égard des cheminées de grande cuiſine ou de ſalon, donnez-leur dix-huit pouces de profondeur ſur quatre pieds de largeur, & ne négligez pas de les faire conſtruire en brique, ſur-tout les premieres.

Cheminées en briques.

Les départemens des tuyaux font les mêmes; à l'égard des languettes: elles portent quatre pouces au lieu de trois, les briques doivent être en liaison de moitié de leur longueur, & de distance en distance on observera de placer des crampons à brique. Toutes les briques au-dessous des planchers des greniers & même du comble seront enduites bien proprement de plâtre, soit en dedans, soit en dehors de leur tuyau. Les parties au-dessus des combles seront couronnées par des plintes & par des fermetures en pierre de Vergelée ou de Saint-Leu. Si vous faisiez ces plintes en brique, elles coûteroient autant & ne seroient pas aussi bonnes pour la conservation & l'entretien du tout ; elles seroient d'ailleurs moins propres & moins agréables.

Quant à la partie extérieure au-dessus des combles, il faut que toutes les briques soient apparentes par leurs joints, à plomb & de niveau. Alors vous les ferez bien jointoyer, & ensuite frotter & layer avec une

une brique pour ôter tous les plâtres ; & le tout étant bien nétoyé, vous ferez passer sur les joints un lait de chaux ; cet ouvrage demande de la propreté : aussi, avant de refaire les joints, fait-on passer sur le tout une couche d'ocre rouge, afin que l'ensemble soit d'une même teinte. Ensuite, avec une espece de crochet on découvre le joint, & on y passe un lait de chaux, comme nous l'avons observé.

Des Plafonds.

Si vous voulez des plafonds, pratiquez-les avec augets entre les solives; c'est la seule manière de les construire, pour qu'ils ne soient pas sujets à se fendre.

Il est bon d'observer la même méthode pour les lambris dans les combles. A cet effet, faites placer des lates de cœur de chêne en travers du dessous du plancher ; elles seront placées à un pouce environ de distance de l'une à l'autre, & attachées avec clous sur chaque solive. A deux pouces au-dessus de ce latis, faites lancer des clous à late à un pied de distance les uns des autres & saillans d'un quart de pouce. Ensuite, après avoir mis une planche au-dessous du latis, cintrez vos augets qui auront toute la consistance possible, si vous leur donnez au moins un pouce & demi de plâtre dans leur plus foible. J'oubliois de vous dire qu'avant de placer vos clous de pied en pied, il falloit lancer sur vos bois quelque coups de hachette, afin de faciliter au plâtre le moyen de se griper. Vos augets faits, retirez vos planches, faites plafoner, & ne craignez pas de mauvais effets.

Si vous plafonez à lates jointives seulement, comme il ne se pratique que trop souvent, par une suite d'usage mal-entendu, vos plafonds se lésarderont, & vous aurez du désagrément à essuyer, sur-tout dans un Bâtiment neuf, à cause des tassemens différens, suivant les différentes natures de construction.

Quelquefois cependant on y est obligé, lorsqu'il ne s'agit que de réparations, & que l'on veut conserver l'aire au-dessus : ce cas est particulier, mais il a moins d'inconvéniens. Alors les murs sont anciens, & ils ont fait leur effet; d'ailleurs nécessité contraint la loi.

Aires de plancher.

Quant aux aires de plancher, faites-les fur couchis de lates jointives, en bon plâtre, de deux pouces d'épaiffeur. Il eft inutile, comme on le pratique fouvent, de clouer les lates fur les folives, c'eft un fixieme de plus en léger qu'il vous en coûte, & vous n'y trouvez aucun avantage; vous ne devez pas craindre que vos plâtres remontent au plancher fupérieur. C'eft cependant un bon ouvrage, dit-on : il eft bon véritablement; mais c'eft pour l'Entrepreneur qui a trente fols pour ce qui lui coûte moins de dix.

Il y a encore des Entrepreneurs qui font dreffer leur aire de niveau par des cueillies. Cette opération eft inutile, & ne fait qu'augmenter la dépenfe. En effet, ils ne dreffent de niveau que le plancher de chaque piece, & non de l'étage en général. Je vous laiffe alors à juger de la futilité de l'opération, &, pour ne rien avoir d'effentiellement utile, il vous en coûte environ 45 fols de plus par toife.

Lorfque vous faites l'aire complette d'un

étage, & même d'une piece, laissez le long des murs un vuide ou lisiere de trois pouces, de façon que les plâtres ne puissent produire aucune poussée par leur fermentation, ainsi que nous l'avons dit en parlant des cheminées.

Laissez aussi des lisieres de trois pouces par le bas de vos cloisons à claires voies, ourdées & recouvertes, qui ne porteront pas à l'aplomb les unes des autres, comme souvent on est obligé d'en faire pour les différentes distributions. Si vous n'observez ces lisieres que vous rebouchez trois ou quatre jours après, vous faites partir les bois des planchers au-dessous, au moins les faites-vous travailler de façon que les plafonds se lésardent & se crevassent de tous côtés. Si ce sont de vieux planchers avec des poutres, ils ne peuvent y résister. Les poutres travaillent, se courbent, se cassent. Il est très-rare que cela arrive autrement. Aussi ne cherchez point ailleurs la nécessité où l'on se trouve quelquefois d'en revêtir, après coup, de nouvelles; il ne peut être autrement à défaut de ces précautions, qu'il est difficile d'obtenir de la part des Ouvriers : en général, ils n'en ont pas l'habitude, & c'eſt ſuivant eux innover ; mais ne vous départez point de ce que je dis ici, vous en ſentez la raiſon, elle eſt ſans replique.

Voilà encore une longue Lettre, l'objet entraîne. Je ſuis, &c.

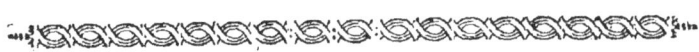

LETTRE XIV.

1. *Des Chauſſes d'aiſance.* 2. *Des Foſſes.*

Lorsque vous conſtruirez vos différens étages, faites attention à vos cabinets & chauſſes d'aiſance. Placez-les dans les angles des murs ; iſolez-les de maniere que les vapeurs ne puiſſent pénétrer à travers. Faites de bons & forts enduits ſur vos murs ; iſolez vos poteries de deux à trois pouces, enduiſez-les auſſi du côté de vos murs de deux pouces de plâtre, ce que vous pratiquerez par le moyen de bouts de planches que vous placerez entre les murs & lesdites poteries, & que vous retirerez après avoir coulé le plâtre nécessaire pour donner corps à ladite poterie, & en boucher les joints. Mais, encore une fois, observez l'isolement; que vos poteries soient saines, entieres & bien vernissées par-dedans. Faites faire les joints avec attention, de maniere que, si les chausses viennent à s'engorger, les urines & les matieres ne puissent filtrer à travers.

La Coutume vous oblige à ces soins, relativement aux murs mitoyens; pourquoi les négligeriez-vous pour vous-même? Vous y êtes intéressé : veillez-y donc, ne souffrez aucune poterie fêlée ou qui ne soit bien vernissée.

Que les pots à deux pour les sieges s'emmanchent bien avec la poterie; quelquefois on est gêné. Dans ce cas, ne négligez pas de mettre des culottes de plomb; ne pensez pas que le plâtre puisse suffire.

Faites aussi attention aux ventouses qu'on pratique à juste raison dans les cabinets du dernier étage. Mettez-en deux, l'une à côté

de ceux qui veulent bâtir.

de l'autre ; & quand elles approcheront de la sortie du comble, donnez-leur des directions opposées ; alors elles feront l'effet de pompe aspirante & foulante, & vous diminuerez beaucoup la mauvaise odeur, sur-tout si dans la direction vous évitez le midi. Que tous vos cabinets soient commodes & éclairés par le dehors avec un chassis ouvrant ; autrement vous pourriez être incommodé des vapeurs, vos escaliers en seroient infectés.

Je conviens qu'on peut placer les cabinets dans l'intérieur des appartemens, mais c'est pour des lieux d'aisance à l'Angloise. Pour les autres, évitez-les ; vous feriez obligé de les y supprimer. Dans les escaliers il y a une grande hauteur, une colonne d'air relative, & les vapeurs montent plutôt qu'elles ne descendent. On n'a donc alors à craindre qu'un coup de vent pour les rabattre, & cet accident est momentané.

Faites aussi attention que vos siéges n'aient pas plus de seize pouces de hauteur, & qu'ils soient tous fermés d'un bon tampon de bois.

Fosses d'aisances.

Les fosses d'aisances demandent beaucoup d'attention dans leur construction. Il faut les écarter des puits le plus qu'il est possible, & particuliérement de ceux des voisins. La Coutume, art. CXCI, porte qu'il suffit de quatre pieds de maçonnerie entre deux fosses, comprenant les épaisseurs de mur de part & d'autre. Ce n'est pas assez ; car dans tous les cas, il faut que le puits voisin soit entiérement garanti & exempt de tout ce qui peut corrompre les eaux. L'Entrepreneur qui fait une fosse à neuf, en est chargé de l'événement pendant dix ans ; c'est un usage décidé. Toutefois est-ce sa faute ? Avec les plus grands soins, avec la plus scrupuleuse attention, on y est trompé, si l'on n'emploie la précaution indiquée ci-après. Et si d'ailleurs on ne laisse le temps à la Maçonnerie de faire corps, mais le peut-on toujours, sur-tout dans bien des maisons de Paris, non assurément ; dans ce cas voyons donc ce que l'on peut faire dans le possible, & ce que l'expérience nous a fait connoître de meilleur.

Vous ferez descendre la fondation de vos murs de face ou de refend dans les endroits qui avoisinent vos fosses de onze à douze pieds plus bas que le niveau de vos caves, & à un pied d'isolement, dans tout le pourtour intérieur desdits murs, vous ferez les murs de vos fosses, qui auront deux pieds d'épaisseur. Vous éleverez aisément alors tous vos murs entre deux lignes, vous poserez vos moilons, plus tendres que durs, par arase égale, en bonne liaison, tant sur les deux faces que dans l'épaisseur; car le parement vers les terres doit être fait aussi proprement & avec autant de soin que celui de la fosse. Tous les moilons seront posés à boin de plâtre sans aucune épargne, pour qu'il ne reste aucun vuide entr'eux; on doit même les asseoir avec le plus grand soin: en les posant, on doit les appuyer de la main, en les remuant jusqu'à ce qu'ils fassent quelque résistance. Il faut la plus grande propreté & précaution; une paille seule, mise en travers d'un joint, suffiroit pour faire filtrer les urines infectes & gâter l'ouvrage. Tous vos moilons étant bien jointoyés du côté des terres, faites jetter de bonnes recoupes de pierre tendre, paſſées à la claie, entre le mur de foſſe & celui des fondations. Si vous les faites battre & mouiller, en les jettant elles formeront une chape qui équivaudra à la glaiſe, & ſera moins coûteuſe. Faites la même opération au fond de la foſſe, jettez-y un pied de hauteur de pareilles recoupes ; mouillez & battez : vous aurez un bon fond, en état de ſupporter le maſſif de Maçonnerie, auquel vous donnerez auſſi un pied d'épaiſſeur. Vous le conſtruirez, ainſi que les murs, en bon moilon & à boin de plâtre, en obſervant une pente ou revers de quatre pouces par toiſe, pour écarter les premieres urines qui pourroient fatiguer le mur qui eſt vers le puits. Ce maſſif fera arrachement & liaiſon avec les murs du pourtour de la foſſe auxquels on aura laiſſé les lancis & harpes néceſſaires. Sur ce maſſif on dreſſera une forme de trois à quatre pouces de bon ſable, & on pavera par-deſſus avec du pavé neuf, refendu en deux, & employé avec mortier de chaux & ciment, le tout à boin & les joints repaſſés.

Observez les naissances de la voûte qui doit être surbaissée. Faites-en la construction, ainsi que celle des reins, avec le même soin pour les murs, le tout à boin de plâtre qui, dans ce cas, vaut mieux que le mortier, il prend plutôt sa consistance. Vous observerez de faire des cheminées pour la chûte des matieres : s'il y a des glacis à faire, vous les formerez en pierre & à joints de quatre pouces de recouvrement. Vous pratiquerez dans l'endroit le plus commode pour le service de la vuidange une ouverture de vingt sur vingt-quatre pouces avec un chassis en pierre & un tampon pareil de trois pouces d'épaisseur & à joint recouvert. Au milieu du tampon on mettra un anneau de fer, scellé avec plomb, afin de pouvoir lever cette pierre aisément, & sans être dans le cas d'en détruire les arrêtes. A l'aplomb vous scellerez un anneau dans la voute au-dessus, c'est une indication de l'ouverture, ainsi qu'un repaire en forme de croix que l'on trace sur le mur le plus voisin. Ces moyens demandent des soins; la construction en est dispendieuse : mais on ne peut s'estimer trop heureux quand on a une bonne foffe, & d'après laquelle on ne craint pas d'éprouver de procès.

Toutes les difficultés qui furviennent à cette occafion m'avoient fait concevoir un moyen qui feroit utile pour tout Paris, & dont je vous entretiendrai dans ma premiere Lettre.

Je fuis, &c.

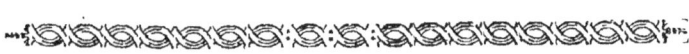

LETTRE XV.

Projet pour fuppléer aux Foffes.

J'AI promis de vous donner un projet pour parer à tous les inconvéniens des foffes. Je m'en acquitte avec d'autant plus de plaifir, que fon exécution feroit une des plus utiles & des plus intéreffantes. Les eaux des puits deviendroient plus limpides, plus claires, & même plus faines. Peut-être n'y fait-on pas affez d'attention. La plus grande partie du fol de Paris eft viciée & corrompue à une certaine profondeur, par les anciennes foffes, puifards & cloaques qui y font pratiqués de-

de ceux qui veulent bâtir. 141

puis plufieurs fiecles. Le quartier des halles, celui de la Cité, & tous les endroits bas, ont leurs terreins pénétrés de matieres infectes. Que deviennent les eaux des fources qui filtrent & paffent à travers ? Elles fe rendent dans des puits dont on a de la peine à foutenir l'odeur. Les Boulangers, les Pâtiffiers &c. s'en fervent la plupart. Le pain qu'on en peut faire n'eft-il pas dangereux pour la fanté ? Le feu, dit-on, purifie tout ; mais ne demeure-t-il pas un refte de levain, qui peut occafionner bien des maladies ? Je laiffe à la Médecine à décider cette queftion ; c'eft une thefe qui lui appartient & qui mérite fon attention.

Contentons-nous de jetter les yeux fur les accidens qui arrivent à l'ouverture de certaines foffes. Une vapeur mal-faine, qu'on appelle le plomb, faifit & fuffoque ceux qui s'y trouvent préfens ; ils y périroient, fi on ne les retiroit fur le champ, & fi on ne leur apportoit les fecours les plus prompts. MM. *Lavoifier*, *Cadet* & autres Académiciens, habiles Chimiftes, viennent de trouver des moyens pour foulager les malheureux qui peuvent y être surpris. Mais il ne seroit pas besoin d'employer le remede, si on pouvoit éviter le mal : c'est ce que je vais proposer.

Souvent, lorsqu'on ouvre une fosse, il s'éleve une vapeur qui s'allume, forme une flamme violette & subtile, dont on est fort heureux de se garantir.

Quelquefois c'est une mauvaise odeur dont on ne peut préserver certains endroits, & qui infecte toute une maison. Y a-t-il rien de plus désagréable que le temps de la vuidange d'une fosse, tant pour soi-même que pour les voisins ? Si malheureusement il s'y trouve un malade, que devient-il, sur-tout attaqué de certaine maladie.

Dans un autre temps c'est une poterie qui s'engorge, les matieres filtrent à travers les murs, infectent le lieu, incommodent le voisin ; & occasionnent un procès. Si ce n'est pas la chausse d'aisance, c'est la fosse dont les matieres qui se répandent, ou dans celle du voisin ou dans ses caves, gâtent souvent les puits, le vôtre & le sien ; souvent aussi vos propres caves sont infectées de mauvaises odeurs, elles deviennent impraticables, tout

de ceux qui veulent bâtir. 143
s'y corrompt, le vin même s'y gâte.

Autre inconvénient. Vous croyez la fosse de votre maison en bon état, je la suppose même de la meilleure construction; vous n'êtes cependant pas à l'abri du désagrément d'un procès avec votre voisin, qui prétendra que c'est votre fosse qui corrompt son puits : vous ne pouvez vous refuser à une vuidange souvent inutile, & qui même survient dans des temps où vous pourriez être malade, ou avoir mille autres raisons pour suspendre un travail aussi incommode. On peut vous forcer encore à souffrir que tout le pourtour extérieur des murs de votre fosse soit mis à découvert, pour connoître si le mal ne vient pas de votre côté. C'est une opération très-longue, fort embarrassante, & dans l'intervalle de laquelle vous êtes toujours rempli d'inquiétude. Les frais d'une pareille procédure deviennent d'autant plus considérables, que souvent on a fait cette recherche à trois ou quatre fosses différentes de la vôtre.

Quels accidents ne peut-on pas éprouver par les fosses ? C'est le refuge de tout ce qui peut gêner & incommoder. Des Domestiques infideles qui appréhendent d'être furpris, peuvent y jetter des vols, &c. De jeunes Anatomiftes ne fe font pas de fcrupule d'y dépofer toutes les parties du corps humain fur lefquelles ils ont opéré, & dont ils n'ont plus de befoin. J'ai vu une tête humaine encore toute fraîche, & avec toutes fes chairs qu'on avoit jetté dans une chauffe d'aifance, & qui y avoit formé un engorgement. On lança plufieurs fois la fonde, mais inutilement; on fut obligé de caffer la poterie, & le premier objet qu'on apperçut, fut ce trifte refte, la bouche béante, les yeux tout ouverts.... Quelle horreur ! quels accidens n'en peut-il pas réfulter ? Ne feroit-on pas trop heureux de pouvoir s'en garantir ?

Il eft un moyen bien fimple de parer à tous ces inconvénients, on y trouvera même de l'économie, puifqu'on ne conftruira plus de foffe, & qu'on aura l'avantage de n'être pas infecté de mauvaife odeur, de n'avoir nul embarras, de ne pas craindre de procès avec fon voifin, & de retrouver dans les puits une eau bonne & falutaire.

Quel eft-il donc ce projet, me demandez-vous

de ceux qui veulent bâtir.

vous avec empreſſement ? Le voici. C'eſt de ſupprimer toutes les foſſes, & pour y ſuppléer, je voudrois qu'au rez-de-chauſſée de chaque maiſon on pratiquât un renfoncement dans lequel on pût placer une tinette qu'on enleveroit du grand matin, en y en ſubſtituant une autre. Cette opération feroit plus ou moins fréquente, ſuivant l'étendue de la maiſon, ou le nombre des locataires. On s'abonneroit en conſéquence avec une compagnie connue, avouée du Magiſtrat, en état de fournir aux voitures, & dont l'intérêt engageroit à l'exactitude. Tous les matins il ſe feroit différentes tournées, viſites & enlévemens. Les tinettes ſe fermeroient hermétiquement, & feroient ſcellées avec du plâtre, comme la compagnie du Ventilateur l'avoit promiſe. On ſubſtitueroit une nouvelle tinette au-deſſous de la chauſſe d'aiſance; & afin que l'odeur ne pût ſe répandre, ſon ouverture feroit en forme de vis, & on l'adapteroit à une autre pareille qui feroit à la chauſſe d'aiſance, de maniere qu'une bande de cuivre de quatre pouces de hauteur, & en forme d'écrou, feroit un recouvrement

Tome I. K

de deux pouces fur la tinette & fur la chauffe d'aifance; il n'y a donc plus d'odeur, point d'accidens ; ce n'eft qu'une premiere dépenfe qui ne coûteroit pas, à beaucoup près, autant qu'une foffe, & dont l'entretien feroit à la charge des entrepreneurs; ce qui paroît d'autant plus naturel, qu'ils feroient intéreffés à placer des Commis intelligens à la tête de cette opération.

Ces mêmes entrepreneurs fourniroient feuls les vis à recouvrement. Le prix en feroit fixé, ainfi que celui des tinettes (1). C'eft une dépenfe premiere qui fe paieroit comptant; mais dès-lors plus de foffe pour laquelle on dépenfe ordinairement 1000 à 1200 liv., & quelquefois plus; vous évitez d'ailleurs le chapitre des accidens.

Quant à la vuidange (2), elle fera payée par année, en quatre paiemens égaux, de

---

(1) La vis 48 liv., chaque tinette 15 liv. environ.

(2) Au prix actuel de la vuidange, chaque perfonne peut occafionner 30 fols de dépenfe par an, car il ne faut plus compter fur les eaux ni les ordures qu'on jette fouvent dans les foffes. Je ne penfe pas qu'on puiffe doubler; ce feroit trop.

de ceux qui veulent bâtir.

trois en trois mois, au premier de chaque terme, Janvier, Avril, Juillet & Octobre. La dépense sera-t-elle plus considérable que celle des fosses actuelles ? Non. Il semble qu'elle devroit l'être ; mais on y gagnera, ne fût-ce qu'en évitant l'entretien des fosses qui n'est pas un petit objet. Considérez d'ailleurs l'intérêt de la dépense pour la premiere construction, faites attention à ce qu'il en coûte, quand les fosses sont au-dessous des deuxiemes caves, & ce qu'il ne faut pas oublier, revenez sur le chapitre des accidens.

Vous avez dû vous appercevoir par ma description, que les chausses resteroient comme on les pratique aujourd'hui, ainsi que les sieges, conséquemment plus de difficultés. Vous aurez la même facilité, la même aisance. Vous pratiquerez toujours des ventouses sortant au-dehors du comble. Ayez soin de mettre des tampons sur vos sieges ; entretenez vos cabinets proprement, il est impossible que vous ayez de mauvaises odeurs.

Vous auriez au rez-de-chaussée la petite fosse pour recevoir la tinette, dont la propreté seroit le devoir du Commis.

Telles sont mes vues, je vous les réfere, réfléchissez-y, bientôt vous penserez comme moi. Vous ne voudrez plus de fosses, &, comme bon citoyen, vous ferez des vœux pour qu'il n'y en ait plus dans Paris.

Mais voilà assez vous entretenir de cet objet. Si vous trouvez quelques difficultés dans mes moyens, faites-moi la grace de m'en écrire ; je ferai ensorte de les lever.

Je suis, &c.

LETTRE XVI.

Escaliers en Maçonnerie & Charpente ou en pierre. De la grace qu'ils doivent avoir. Des longueurs, hauteurs & girons des marches. Des limons, courbes & paliers.

JE vous ai fait une esquisse des différentes constructions que l'on pratique à Paris & dans la plupart des provinces ; je vous ai parlé des différentes parties des Bâtimens ;

mais je ne vous ai encore rien dit des escaliers : c'est cependant un objet essentiel, & auquel on ne peut apporter trop d'attention. Ayez donc soin de veiller à ce que vos aires de planchers soient bien dressées, votre carreau ou votre parquet de niveau avec vos paliers. Faites attention aussi que dans l'ouverture de chaque baie il y ait un petit devers, afin que la porte puisse fermer comme il faut, rouler aisément, & ne point porter ou faire de frottement. Observez donc cette petite pente, ou, du moins, un niveau parfait; autrement vous aurez du jour par-dessous vos portes, ce qui est non-seulement désagréable, mais très-incommode. Je sais qu'on peut y remédier par le moyen de quelques pas de vis à la fiche d'en-bas de la porte; mais c'est une machine qui demande de la sujettion, & en faisant bien on l'évite.

Que votre escalier se dessine & se développe; que la premiere marche se présente avantageusement, qu'on l'apperçoive dès l'entrée. On ne doit pas chercher un escalier dans la rencontre des lignes droites avec les courbes; évitez tous jarets, on ne doit pas s'appercevoir de ceux mêmes que pourroient former les paliers & repos à demi étage. Vos limons doivent suivre une pente égale, comme la pelure ou écorce d'un bâton de bois verd qu'on auroit coupée parallélement & détachée de son bois. Il ne faut pas ici que le bois ou la pierre se ressente de la dureté de la matiere. Les contours doivent être aussi doux que s'ils étoient formés avec la cire.

Votre escalier doit paroître léger, il faut qu'il semble porter en l'air, sans cependant en avoir moins de solidité. C'est dans ce cas où l'on doit avoir recours à l'art, & où se distingue le savoir & le génie de l'Architecte.

Si l'escalier est en bois, les deux ou trois premieres marches doivent être toujours en pierre, ainsi que la volute & la naissance du limon : autrement la trop grande fraîcheur ou l'humidité même les feroit jouer & se déjetter. Faites, autant qu'il sera possible, prendre les deux ou trois premieres marches dans le même morceau, la hauteur du banc le permet. Vous ferez alors un ouvrage solide, & il ne vous sera pas beaucoup plus coûteux que si vous le faisiez en piéces détachées. Si l'En-

de ceux qui veulent bâtir. 151

trepreneur fait autrement, c'est, en général, pour tirer à son avantage, & consommer ses différens morceaux de pierre.

Les marches, comme nous avons dit, doivent se bien présenter; il ne leur faut donner ni trop ni trop peu de giron, ainsi que de hauteur.

Voici le principe d'après lequel on doit partir. Le pas ordinaire de l'homme est de deux pieds pris horisontalement, & d'un pied verticalement. Conséquemment si vous donnez un pied de largeur ou de giron à vos marches, c'est moitié, & leur donnant six pouces de hauteur, vous complettez le pas, puisque six pouces de hauteur équivalent à un pied de largeur. D'après le même principe, si vous ne donnez que cinq pouces & demi de hauteur de marche, il faut treize pouces de giron, ce qui fait vingt-quatre pouces; en doublant cinq pouces & demi suivant la regle proposée, vous aurez onze pouces qui, ajoutés à treize, font vingt-quatre pouces ou deux pieds, mesure commode, aisée & naturelle, d'après notre marche.

Ne croyez pas cependant qu'en donnant

plus de giron & moins de hauteur, ou plus de hauteur & moins de giron, votre escalier en fût plus commode, vous vous tromperiez. Ou votre escalier deviendroit trop roide, & il vous effraieroit, ou les marches seroient trop multipliées dans le second cas, & vous ne feriez plus que trotiner, si on peut se servir de cette expression. Il est des principes dont on ne peut s'écarter; vos marches ne doivent pas avoir moins de cinq pouces & plus de sept, en tenant toujours le rapport prescrit. Encore ces deux extrêmes ne sont-ils pas heureux, ils choquent & la marche & la vue.

Que toutes vos marches soient également espacées & de même hauteur; on ne doit pas varier sur ce point. Une hauteur différente, telle foible qu'elle soit, d'une marche à l'autre, en un même étage, devient un achopement; le pied s'y arrête toujours. En effet, lorsqu'on a pris une fois son pas en commençant à monter, on le suit. Faites-y donc la plus scrupuleuse attention. A peine peut-on prendre cette licence d'un étage à l'autre, encore ne faut-il pas que la différence foit fenfible, deux lignes deviennent extrême fur un pied de giron.

On donnera un peu de pente ou de devers au-devant du giron, la marche s'en préfente mieux, elle a plus de grace.

Pour réuffir, il ne faut jamais outrer les mefures, &, comme dit Horace :

Eft modus in rebus, funt certi denique fines,
Quos ultrà citràque nequit confiftere rectum.

Toutes les marches pour les efcaliers feront quarderonnées, ces moulures leur donnent de la richeffe, de l'aifance pour placer le pied, & femblent aider à monter ; on ne compte point cette faillie dans la largeur du giron.

Les marches doivent être en nombre impair, pour répondre à l'habitude qu'on a de toujours partir du même pied. De cette maniere, étant arrivé au palier fupérieur, vous n'êtes pas obligé de changer de pied pour vous mettre en marche. Cette obfervation eft minutieufe, me direz-vous : point du tout ; un rien détruit toute beauté, toute harmonie.

Vous n'admettrez jamais plus de quinze marches de fuite fans un palier de repos ; autrement votre escalier vous présenteroit l'idée d'un précipice, il deviendroit effrayant, surtout s'il est à rampe droite; mais, encore une fois, évitez les jarets dans les limons des quartiers tournans, la grace de votre escalier en dépend.

L'écartement de vos limons sera entretenu par des boulons de fer qui passeront à travers les joints recouverts de vos marches, & iront se sceller dans les murs; chaque morceau s'emmanchera avec son voisin, par entaille, queue d'hironde à mi-épaisseur, tenon, mortoise, crampon ou boulon, avec vis & écrou, suivant que l'escalier est en pierre, ou en charpente & maçonnerie. S'il est en charpente, vous mettez au-dessous de chaque joint du limon une plate-bande de fer, d'environ deux pieds de longueur, entaillée proprement de son épaisseur, & attachée avec vis fraisées, & prenant exactement le contour de l'endroit où elle se trouve. Si elle est posée comme il convient, elle ne paroîtra pas quand l'escalier sera peint. Si votre escalier est en pierre, que les crampons qui entretiennent chaque morceau de limon soient cachés par les marches, ainsi que tous les fers, pour toutes les plate-bandes.

On pousse une moulure, comme un talon renversé ou autre petit profil, sur les arrêtes apparentes du limon, qui portera quatre pouces d'épaisseur s'il est en charpente, & six pouces s'il est en pierre, le tout sur douze à quinze pouces de haut, toujours parallélement & en équerre. Les collets, dans les quartiers tournans, doivent être semblables & à égale distance de l'arrête du limon; toutes les marches se dessineront & se présenteront de toutes parts agréablement.

Dans un escalier en charpente toutes les marches seront pleines, ce qui sauve le mauvais effet d'un bois mal raccordé avec un carreau qui s'en détache continuellement. Cet usage n'est encore que trop fréquent. Comme les marches pleines sont débillardées par-dessous, suivant le rampant, & que cette opération se fait par sciage sans déchet de bois; s'il y a des tasseaux pour la hauteur, ou des goussets pour la largeur de la marche, toisez toutes ces parties pour ce qu'elles sont; les tasseaux & les goussets suivant leurs dimensions, & la marche, pour ce qu'elle est dans sa nature. La différence pour le toisé en est considérable.

Votre escalier est-il en pierre? chaque morceau doit être toisé dans son développement & déchet. Au surplus, que l'escalier soit en bois ou en pierre, ce sont les mêmes principes pour la forme, les contours & l'ensemble. C'est la coupe de pierre ou le trait de la charpente qui feront le reste. L'art & l'intelligence se feront connoître dans l'un & l'autre.

J'oubliois de vous observer que, dans un escalier principal, il falloit que les marches eussent au moins cinq pieds de longueur. La cage, dans ce cas, doit avoir quinze pieds de largeur. C'est le seul moyen de développer les courbes avec majesté, & il ne faut pas moins que cette mesure, pour que deux personnes puissent descendre de front & se présenter la main. Les escaliers au-dessous sont pour les maisons ordinaires ou pour les dégagemens.

Dans tous les cas ne négligez pas la pureté du dessin, ni la grace de vos escaliers. C'est la pierre de touche du goût & de l'intelligence.

Je suis, &c.

LETTRE XVII.

Moyen d'apprécier la valeur de chaque toise superficielle de mur, soit en pierre dure, soit en pierre tendre, à raison de l'épaisseur du parpin.

Les idées que je vous ai données pour la construction, & particuliérement pour la partie de maçonnerie, ne vous suffisent pas, si étendues qu'elles puissent être; il faut encore que vous sachiez ce que coûtent les matériaux en particulier, ce qu'il en entre dans une toise, & à combien en revient la main-d'œuvre; autrement vous ne pourriez faire aucun pas sans tomber dans l'erreur. La valeur des matériaux est différente dans chaque canton, ainsi que le prix des charrois. Comment établir des prix, si vous ne partez de principes connus & certains, si vous ne faites attention aux temps, aux lieux & aux circonstances? Comment allouer exactement le prix de chaque chose ? Etablissons ces points, ils doivent nous servir de guides, c'est le grand secret ; je m'estime heureux de pouvoir vous le déclarer. Observez que nous en sommes encore à la maçonnerie ; nous parlerons des autres ouvrages à leur rang, telles que de la Charpente, de la Menuiserie, &c. Puisons notre exemple dans le détail de la valeur de l'ouvrage de la présente année 1781 ; analysons-en chaque espèce, chaque nature. Observons cependant, avant tout, qu'on entend par une toise quarrée ou superficielle une superficie quarrée d'une toise de long sur une toise de large. Une pierre, par exemple, a six pieds de longueur sur six pieds de largeur, c'est une toise superficielle. Les dimensions sont-elles parties aliquotes de la toise, les quantités multipliées l'une par l'autre en feront parties.

Une toise cube ressemble à un dé à jouer, c'est un solide de six pieds de longueur sur six pieds de largeur, & six pieds de hauteur.

Six pieds équivalent à soixante-douze pouces, puisque le pied vaut douze pouces. Le

de ceux qui veulent bâtir. 159

cube, considéré sous cet aspect, va nous donner deux cent seize pieds cubiques, & en multipliant soixante-douze par soixante-douze; & le produit encore par soixante-douze: on aura 373,248 pouces cubiques; mais ceci devient alors trop compliqué, & nous n'appercevrions plus si aisément nos opérations. Contentons-nous de regarder la toise cube comme un solide de six pieds en tous sens, c'est-à-dire, dans ses trois dimensions. La toise superficielle est de six pieds sur six pieds qui donnent trente-six pieds quarrés; ces trente-six pieds multipliés par six donneront deux cent seize pieds cubes.

Ce principe établi, si nous avons un mur à construire en pierre, supposons-le de deux pieds d'épaisseur; voyons ce qu'il y entrera de pieds cubes de pierre. La toise ayant trente-six pieds de superficie sur un pied d'épaisseur, ce seroit trente-six pieds; mais s'il y a deux pieds d'épaisseur, c'est soixante-douze pieds, & pour un mur de trois pieds d'épaisseur, ce sera cent huit pieds, &c.

Cet exemple doit faire connoître le reste.

En effet, un mur qui auroit vingt-un pouces d'épaisseur consommeroit :

    1°. Pour 12 pouces ou un pied,   36 p^{ds}.
    2°. Pour 6 pouces moitié, . .   18
    3°. Pour 3 pouces moitié de 6,   9

Total, 21 pou. . . . . . . 63 pieds.

Il en est de même pour toutes les autres épaisseurs, en prenant les parties aliquotes.

On doit encore observer que la pierre qui arrive à l'attelier est brute, & que, pour la tailler, il se fait un déchet qu'on évalue, d'après les expériences réitérées, à un sixieme de la quantité de pieds cubes de pierre que contient le mur. Dans notre exemple le mur contient . . . . 63 pieds.

Dont le $\frac{1}{6}$ est de . . . . . 10 $\frac{1}{2}$.

Ce qui fait. . . . . . 73 $\frac{1}{2}$.

Détail de mur en pierre dure.

Allons en avant, & disons que pour un mur de vingt-sept pouces d'épaisseur, par exemple, il faut, d'après notre principe, quatre-vingt-un vingt-un pieds cubes de pierre (1), dont chaque pied rendu à l'attelier coûte, tous frais faits & compensés, vingt-deux sols; les quatre-vingt-un valent . . . 89 l. 2 f. d.

Le $\frac{1}{6}$. de déchet, ... 14   17

On doit aussi compter le bardage, qui est l'apport de la pierre prise sur le chantier, & conduite sur le tas. On l'apprécie à raison du poids. Le pied de pierre dure ordinaire pese 140 livres, ce qui produit pour les 81 la quantité de 11340 livres. Le millier pesant s'évalue, en général, à raison de vingt sols, un peu plus ou un peu moins, suivant la situation & distance de l'attelier. Les 11340 liv. valent . 11   7   3

Vient ensuite la pose. On admet pour sa valeur le cin-

115   6   3

---

(1) Pour 24 pouces ou 2 pieds, . . 72.⎫
    Pour 3 pouces, ... 9.⎬ 81.

Tome I. L

De l'autre part, . . . 115 l. 6 f. 0 d.
quieme de l'épaiffeur du mur eftimé comme argent. Ainfi le $\frac{1}{5}$ de 27 eft. 5 8

A l'égard du mortier qui s'y emploie, on l'évalue, d'après l'épaiffeur du mur, à raifon de 1 f. 6 d. le pouce, ce qui donne pour cet exemple de 27 . 2 0 6

Total. 122 14 6

Le bénéfice de l'Entrepreneur fe paffe au dixieme. 12 l. 5 f. 5 d. $\frac{2}{5}$. que nous pafferons pour 12 liv. 5 f. 6 d., n'ayant pas d'égard, fuivant l'ufage, à la fraction de denier qui devient de peu de conféquence. 12 5 6

On accorde encore pour la conduite la fourniture d'équipage & faux-frais, la moitié de la fomme précédente, qui eft $\frac{1}{20}$. du total. 6 2 9

Total 141 2 9

Il s'agit actuellement de la taille. Vous ob-

de ceux qui veulent bâtir. 163

ferverez que, plus les murs font épais, plus le premier parement eft cher, à caufe des lits & des joints qui y font compris. Au furplus, la valeur du premier parement décidée, celle du fecond l'eft auffi; on en prend les deux tiers.

La taille du premier parement d'un mur de pierre ordinaire, & de 36 pouces d'épaiffeur, eft de 18 liv. Le fecond parement évalué aux $\frac{2}{3}$. eft de 12 liv.

Voyons à préfent le prix du premier parement d'après un mur de 36 pouces : la toife fuperficielle de taille fe paie 18 liv. On augmentera ou diminuera cette fomme de 10 f. par chaque trois pouces de plus ou moins d'épaiffeur. Si c'eft au-deffus de 36 pouces, vous les ajouterez; fi c'eft au-deffous, vous les diminuerez. Par exemple, votre mur eft de 27 pouces, la différence de 36 à 27 eft 9, ce qui produit trois fois 3 pouces, & à 10 f. les trois pouces, c'eft 1 liv. 10 f. qu'il faut déduire de la fomme de 18 liv. : il reftera 16 liv. 10 f. pour valeur de la taille du premier parement d'un mur de 27 pouces.

Autre exemple : avez-vous une épaiffeur

de 54 pouces, la différence de 36 à 54 eſt 18, qui contient ſix fois 10 ſ. valant 3 liv. qu'il faut ajouter à 18 l., ce qui produit 21 l. pour la valeur de la taille du premier parement d'un mur de 54 pouces, dont les deux tiers 14 liv. ſont dus pour le deuxieme parement, & ainſi du reſte.

Si les paremens ne ſont que ruſtiqués, on paie deux tiers de taille; s'il n'y avoit que les joints & les lits refaits, ce ſeroit le tiers ſeulement.

Les dales ſont comptées pour un parement, ainſi que les marches; mais à ces dernieres, on compte à part les moulures qu'on réduit, ſuivant l'uſage, & qu'on paie à raiſon de 18 livres, comme toiſe ſuperficielle de taille.

Cette balance eſt néceſſaire, ſans quoi il n'y auroit pas de proportion dans le prix de taille, & par notre méthode nous allons aux extrêmes.

Si vous êtes curieux du tarif qu'on peut former ſur toute épaiſſeur juſqu'à 72, nombre de pouces d'une toiſe de ſix pieds & de 12 pouces par pied, je vous l'envoie.

de ceux qui veulent bâtir. 165

Tarif pour la taille de pierre ordinaire.

36 pouces 18 l.	f.		36 pouces 18 l.	f.	
33	17	10	39	18	10
30	17		42	19	
27	16	10	45	19	10
24	16		48	20	
21	15	10	51	20	10
18	15		54	21	
15	14	10	57	21	10
12	14		60	22	
9	13	10	63	22	10
6	13		66	23	
3	12	10	69	23	10
2 & 1	12		72	24	

Vous devez vous appercevoir que cette progreffion produit 3 f. 4 den. par pouce, de façon que vous pouvez parvenir au terme de votre opération, en multipliant la différence des pouces par 3 f. 4 den. pour le réfultat en être ajouté ou diminué, felon que vous ferez au-deffus ou au-deffous de 36 pouces, terme moyen.

Vous connoiffez au furplus le principe. Ce qui vaut d'autant mieux, que dans tout temps & toutes occafions, vous vous retrouverez, fans avoir le tarif fous vos yeux.

L 3

Revenons au détail du mur de 27 pouces d'épaisseur, dont la pierre & son déchet, le bardage, la pose, le mortier, le bénéfice de l'Entrepreneur, les équipages & faux-frais montent ensemble à la somme de. . . . . 141 l. 2 f. 9 d.

Ajoutons la taille d'après notre principe, le premier parement est un objet de . 16 10

Le second parement évalué $\frac{2}{3}$. 11

Total d'un mur en pierre de 27 pouces à deux paremens 168 12 9

Ce développement bien entendu, tirons des principes simples, & fixons le prix des murs de toute espece d'épaisseur, au pouce posé & mis en place, envisageons-les sans paremens, sans lits ni joints, puisque nous les compterons ensuite à raison de leur épaisseur.

La valeur du mur de 27 pouces d'épaisseur, sans taille, & dont les détails sont ci-dessus, monte à la somme de . . . 141   2   9

de ceux qui veulent bâtir. 167

Divisons cette somme 141 liv. 2 s. 9 den. par 27, nombre des pouces d'épaisseur, & vous trouverez au quotient 5 liv. 4 s. 6 d. $\frac{4}{9}$. N'ayons pas d'égard à la fraction de $\frac{4}{9}$ de denier, ce n'est qu'une très-petite différence, il est d'usage de la négliger dans la pratique.

Ainsi supposons un mur de quinze pouces, dont on veut connoître la valeur, multipliez 15 pouces par 5 liv. 4 s. 6 den., & le résultat fera le prix du mur sans parement, ci . . . . 78 l. 7 s. 6 d.

A laquelle somme il convient ajouter,

 Pour premier parement . 14 10
 Second parement les $\frac{2}{3}$. . 9 13 4
 Total d'un mur de 15 pouces à deux paremens, cent deux livres dix sols dix deniers, ci 102 10 10

Est-ce un mur de 35 pouces de parpin? multipliez cette quantité par 5 liv. 4 s. 6 d., vous aurez 182 17 6
 Le premier parement, 17 16 8
        200 14 2

De l'autre part, . 200 l. 14 f. 2 d.
Le second parement $\frac{2}{3}$.
valant environ 11   7   7
        Total, ... 212   1   9

Par ce principe, vous aurez la valeur intrinsèque d'un mur en pierre dure ordinaire, en conséquence de son épaisseur.

Quant à la toise superficielle de taille, de moulures réduites suivant l'usage, elle vaut la somme de . . . . 18 liv.

Détail de la pierre de liais.

Mur de dix-huit pouces.

Il y entre 54 pieds de pierre à 3 liv. le pied, . . 162 l.   f.   d.
Le déchet $\frac{1}{6}$ 27
Le bardage. Cette pierre pèse 165 livres le pied cube, ce qui pour 54 pieds produit 8910 livres à raison de 1 liv. le millier, donne environ, ... 8   18   3

                              197   18   3

de ceux qui veulent bâtir. 169

Ci-contre.	197 l.	18 f.	3 d.
Pose le ⅕. de l'épaisseur,	3	12	
Mortier à 2 f. du pouce.	1	16	
Total, sans bénéfice, . .	203	6	3
Bénéfice. Le dixieme, .	20	6	3
Les équipages, &c. le 1/20.	10	3	4
Total, y compris bénéfice & équipages, ...	233	16	3
Le premier parement, .	19	10	
Le second, les ⅔. . . .			
Total d'un mur de 18 pouces à deux paremens, . .	266	6	3

Voulez-vous savoir la valeur du pouce, pour évaluer toute autre épaisseur que celle de 18 pouces? Divisez 233 liv. 16 f. 3 den. valeur du mur sans parement par 18, nombre qui forme l'épaisseur, & vous aurez au quotient 12 liv. 19 f. 10 den. $\frac{11}{18}$. Admettons 13 liv., la fraction ne méritant pas attention.

Ainsi, avez-vous un mur de 26 pouces d'épaisseur? Multipliez 26 pouces par 13 liv., valeur d'un pouce, & vous aurez, ... 338

170   Le Guide

	l.	f.	d.
De l'autre part,	338		
Ajoutez le premier parement	21	10	
Le second parement, ⅔	14	6	8
Total d'un mur de 26 pouces de pierre de liais à deux paremens,	373	16	8

Supposons 374 liv. pour éviter toute fraction minutieuse, que n'admet pas la pratique.

Tarif du prix de la taille de pierre de liais, dont la moyenne proportionnelle est de 24 l.

pouces	l.	f.		pouces	l.	f.
36	24			36	24	
39	24	15		33	23	5
42	25	10		30	22	10
45	26	5		27	21	15
48	27			24	21	
51	27	15		21	20	5
54	28	10		18	19	10
57	29	5		15	18	15
60	30			12	18	
63	30	15		9	17	5
66	31	10		6	16	10
69	32	5		3	15	15
72	33			2 & 1	15	

de ceux qui veulent bâtir. 171

Détail de la pierre de cliquart de Meudon.

La pierre de cliquart de Meudon vaut 1 liv. 15 f. le pied cube qui pese 163 livres La taille est du même prix que celle de la pierre de liais. Ainsi avez-vous un mur de 30 pouces à estimer, établissez votre évaluation.

Mur de trente pouces d'épaisseur.

Il faut 90 pieds cubes à
1 liv. 15 f. . . . . 157 l. 10 f. d.
Déchet; $\frac{1}{6}$. 26   5
Bardage à 163 livres le
pied, produit la quantité de
14670, à 1 liv. le millier . . 14   14
La pose. Le $\frac{1}{5}$. de 30 pou-
ces d'épaisseur 6
Le mortier à 2 f. le pouce. 3
                            ―――――――
   Total 238   10
Premier parement . . . 22   10
                            ―――――――
              261

De l'autre part, . 261 l.

Second parement, ⅔. . . . 15

Total du mur de cliquart de Meudon, de 30 pouces de parpin & à deux paremens, ... 276

Voulez-vous un prix général ? Pour un pouce d'épaisseur, divisez la somme de 238 l. 10 f., valeur sans parement, par 30, épaisseur du mur évalué, vous aurez 7 liv. 19 f. ci . : . 7 19

D'après cette connoissance, s'il vous vient à évaluer un mur de 63 pouces d'épaisseur, multipliez 63 pouces par
7 liv. 19 f. 500 17
Premier parement, . . 30 15
Second parement, ⅔. . . 20 10
Total 552 2

Faites la même opération pour toute autre épaisseur, en évaluant les paremens pour ce qu'ils font.

J'appréhenderois de vous ennuyer par un plus long détail : passons à la pierre tendre, ce sont les mêmes principes.

de ceux qui veulent bâtir. 173

Détail de la pierre de S. Leu & du Trossy.

La taille de Saint-Leu & du Trossy se paie 9 liv. pour un mur de trente-six pouces, qui est la moyenne proportionnelle de 72, & d'après laquelle somme de 9 liv., il convient ajouter 0. 6 s. 0. par chaque trois pouces d'épaisseur au-dessus de 36 pouces, & les diminuer au contraire par chaque trois pouces au-dessous de 36 pouces d'épaisseur.

On voit que cette progression est de deux sols par pouce, en plus ou moins relativement à 36.

Tarif de la taille de Saint-Leu & du Trossy.

36 pouces	9 l.	f.	36 pouces	9 l.	f.
39.......	9	6	33.......	8	14
42.......	9	12	30.......	8	12
45.......	9	18	27.......	8	2
48.......	10	4	24.......	7	16
51.......	10	10	21.......	7	10
54.......	10	16	18.......	7	4
57.......	11	2	15.......	6	18
60.......	11	8	12.......	6	12
63.......	11	14	9.......	6	6
66.......	12		6.......	6	
69.......	12	6			
72.......	12	12			

Les épaisseurs au-dessous ne s'emploient pas.

Le second parement est en la même proportion que celui de la pierre dure, il se paie aussi les $\frac{2}{3}$. du premier parement.

Le tonneau de pierre de Saint-Leu ou de Trossy revient, rendu à l'attelier, de 12 liv. 10 s. à 14 liv., ce qui fait environ 1 liv. par pied cube, le tonneau étant de 14 pieds.

Le pied cube de Saint-Leu ou Trossy pese 115 livres.

Le déchet n'est compté que pour $\frac{1}{8}$., étant moindre que dans la pierre dure, d'autant qu'on évide à la scie.

D'après ces connoissances, passons au détail, il est aisé. Prenons un mur de 24 pouces de parpin pour exemple.

Mur de vingt-quatre pouces de parpin.

72 pieds à 1 liv. . . . 72 l. s. d.
Déchet $\frac{1}{8}$. 9
Bardage, 8280 livres à 1 liv. le millier, 8 liv. 10 s.
La pose, le $\frac{1}{5}$. de l'épaisseur 4 16
Le mortier à 2 s. le pouce. 2 8
           Total 96 14

de ceux qui veulent bâtir. 175

Ci-contre	96 l.	14 f.	d.
Bénéfice de l'Entrepreneur, le dixieme, 9 liv. 13 f. 6 den. environ, ...	9	13	6
Equipages, &c. . .	4	16	9
Total	111	4	3
Premier parement, . .	7	16	
Second parement, ⅔ . .	5	4	
Total.	124	4	3

Faites la division de 111 liv. 4 f. 3 den. prix dudit mur sans parement par 24 pouces d'épaisseur, le résultat vous donnera la valeur d'un pouce que vous multiplierez à raison de l'épaisseur que vous désirez évaluer; ajoutez-y les deux paremens, & vous aurez la juste valeur que vous cherchez.

D'après la première opération, vous trouverez qu'un pouce de mur de vergelée, sans paremens, revient à la somme de 4 liv. 12 f. 9 den. environ, à cause de la fraction négligée.

Avez-vous un mur de 45 pouces d'épaisseur ? il revient sans parement à 208 13 9

De l'autre part . . 208 l. 13 f. 9 d.

Premier parement, . . 9 18
Second parement, . . 6 12
Total d'un mur de 45 pouces d'épaisseur de Saint-Leu à deux paremens , . . 225 3 9

Renseignemens pour parvenir à l'estimation d'un mur en pierre de Vergelée.

La pierre de Vergelée coûte le même prix que celle de Saint-Leu, c'est-à-dire vingt sols le pied cube.

Elle pese 119 livres $\frac{1}{2}$. le pied.

Le déchet est le même.

La taille est plus chere.

Servons-nous de ces observations, & évaluons.

Prenons pour exemple un mur de 18 pouces de parpin.

Il entre dans sa construction 54 pieds à raison de 1 l. 54 l. f.

Déchet, $\frac{1}{8}$. 6 15

Le bardage, 6453 livres

60 15

à

de ceux qui veulent bâtir.

	l.	f.	d.
Ci contre.	60	15	
à vingt fols le millier, c'est 6 liv. 10 f. environ. . . .	6	10	
La pofe $\frac{1}{5}$. de l'épaiffeur,	3	12	
Le mortier à 2 f. le pouce	1	16	
Total.	72	13	
Bénéfice de l'Entrepreneur, $\frac{1}{10}$.	7	5	3
Equipages, &c. . . .	3	12	9
Total fans parement, .	83	11	
Premier parement, . .	7	4	
Second parement, $\frac{2}{3}$.	4	16	
Total avec parement, .	95	11	

Si vous avez d'autres épaiffeurs à eftimer, faites vos opérations; pour connoître la valeur d'un pouce, multipliez-en le réfultat par le nombre des pouces du parpin que vous cherchez; confommez l'opération, en ajoutant les paremens.

Tome I.   M

Le Guide

Tarif de la taille de Vergelée pour toise superficielle relativement aux parpins.

pouces	l.	f.	d.	pouces	l.	f.	d.
36	10			36	10		
39	10	7	6	33	9	12	6
42	10	15		30	9	5	
45	11	2	6	27	8	17	6
48	11	10		24	8	10	
51	11	17	6	21	8	2	6
54	12	5		18	7	15	
57	12	12	6	15	7	7	6
60	13			12	7		
63	13	7	6	9	6	12	6
66	13	15		6	6	5	
69	14	2	6				
72	14	10					

Ce qui fait pour chaque trois pouces 7 f. 6 den. de différence, ou 2 f. 6 den. par pouce, en augmentation pour les quantités au-dessus de 36 pouces, & en diminution pour celles au-dessous.

Le second parement se compte les deux tiers du premier.

La différence du prix de la pierre de Vergelée n'est pas grande avec celle de Saint-Leu; elle ne consiste que dans le bardage & dans la taille, cela est vrai; mais quand il s'agit de rendre justice, il convient de ne rien négliger.

Je m'apperçois que cette Lettre devient longue, & je finis. Quand on a commencé une matiere, il est bien difficile de l'abandonner; attribuez-en aussi la faute à mon zele.

Je suis, &c.

LETTRE XVIII.

De la maniere d'apprécier les murs en moilon, ou en pierre de meuliere, en conséquence de leurs épaisseurs.

Avouez de bonne-foi que je vous ai fatigué par la longueur de ma derniere; celle-ci n'aura pas le même défaut, on se corrige. Je ne vous parlerai que des murs en moilon & de ceux en meuliere. La matiere sera moins laborieuse, si vous avez vraiment appris, par ma derniere, à évaluer les murs en pierre. Ce sont à peu-près les mêmes principes.

Le moilon se vend à la toise cube, & revient, rendu à l'attelier, compris le pourboire, à . . . . 52 l.

Le tombereau de sable de 32 pieds cubes, vaut tout rendu. . . . 3

Le minot de chaux, aussi rendu au Batiment, & tout éteinte, revient à . . . . 1 5 s.

Analysons.

Détail de la valeur d'une toise cube en moilon.

Une toise cube en moilon, 52 l.   s. o d.
On ne compte pas de déchet. *mémoire.*
Il faut 8 minots de chaux. 10
32 pieds cubes de sable ou un tombereau, ... 3
3 jours ½. de Compagnon & de son Aide pour la main-d'œuvre, à 4 liv. . . . 14

Total. 79
Bénéfice de l'Entrepreneur, 1/10. . . . . . . 7 18
Equipages, faux-frais, 1/20. 3 19
Total. 90 17

de ceux qui veulent bâtir. 181

Les paremens feront comptés à part.

Divisez cette somme 90 liv. 17 s. par celle de 72, nombre des pouces d'épaisseur, & vous aurez au quotient 1 liv. 5 s. 3 den. environ par chaque pouce d'épaisseur, sur toise superficielle.

Ainsi telle épaisseur que vous ayez, vous en multiplierez le nombre de pouces par 1 liv. 5 s. 3 den., & vous aurez la valeur dudit mur.

Prenons un mur de 28 pouces d'épaisseur, multipliez cette quantité 28 par 1 liv. 5 s. 3 d. & la somme provenante sera celle du mur dont il s'agit. 35 liv. 7 s. . 35 l. 7 s. 0 d.

Il convient ajouter pour chaque parement 1 liv. 10 s., ce qui équivaut à $\frac{1}{3}$. de léger, ou $\frac{1}{6}$. pour chaque parement,
ci 3

Total de la valeur d'un mur de 28 pouces à deux paremens. 38   7

Pierre de Meuliere.

Il en est de même pour une toise cube de pierre de meuliere. Entrons dans le détail.

La pierre en est plus chere que le moilon, il y entre plus de mortier, & l'ouvrage étant plus difficile, il faut plus de temps.

Détail de la valeur d'une toise cube en meuliere.

	l.	s.	d.
Une toise cube en meuliere, 57			
Il n'y a pas de déchet, .	*Mémoire.*		
10 minots de chaux à 1 l. 5 s.	12	10	
40 pieds cubes de sable,	3	15	
Pour main-d'œuvre de quatre journées $\frac{1}{2}$. d'un Compagnon & de son Aide. . .	18		
Total.	91	5	
Bénéfice de l'Entrepreneur, $\frac{1}{10}$.	9	2	6
Equipages, &c. moitié, ou $\frac{1}{20}$.	4	11	3
Total.	104	18	9

Divisez 104 liv. 18 s. 9 den. par 72, & vous aurez la valeur d'un pouce sur toise superficielle ; & dans ce cas, vous trouverez environ 1 9 9

de ceux qui veulent bâtir.

De sorte qu'un mur de 24 pouces vous coûtera, en opérant, comme nous l'avons observé, environ la somme
de 34 liv. 19 s. 6 den. ci . 34 l. 19 s. 6 d.

Ajoutez pour chaque parement 1 liv. 10 s. . . . 3

Et vous aurez au total 37 l. 19 s. 6 den. pour la valeur du mur de 24 pouces en meuliere, & à deux paremens, ci. 37 19 6

De la Brique.

Ne vous servez jamais que de la brique de Bourgogne, toute autre se décompose & se réduit en poussiere.

En parlant des matériaux, je vous ai fait connoître les dimensions de la brique, & je vous ai dit qu'il en falloit 324 pour une toise superficielle.

Le millier rendu à l'attelier, ou plutôt sur l'échafaud, monte à 56 liv., ce qui fait pour les 324 qui sont employées dans une toise superficielle. 18 9

184 *Le Guide*

De l'autre part, . . 18 l. 9 f. d.
Plâtre, trois facs. . . .   18
Main d'œuvre, ... 4
$\frac{1}{6}$ de léger pour chaque parement, ... 3
___
Total. 26   7

Bénéfice de l'Entrepreneur, $\frac{1}{10}$. 2   12   9
Equipages, &c. $\frac{1}{20}$. . . 1   6
___
Total. 29   19   9

Les plus fortes épaiffeurs font en même raifon.

Si vous avez 6 pouces, pour 4 pouces c'eft 29   19
Pour 2 pouces c'eft moirié, déduction faite des paremens, étant comptés déjà, . . 13   9
___
Total. 43   8

Légers Ouvrages.

On appelle légers ouvrages tous ceux de maçonnerie, où on n'emploie ni pierre ni moilon, mais seulement le plâtre. Tels sont les enduits, les crépis, les aires de plancher, les hourdis de cloison, les plafonds, les languettes, tuyaux & manteaux de cheminées.

Les légers ouvrages se paient 9 liv. 10 s.

Analysons ce prix pour un plafond.

Il faut une botte de late.	1 l.	8	0 d.
Une livre ¼ de clous.		12	6
Huit sacs de plâtre	2	8	
Main-d'œuvre.		3	10
Total.	7	18	6
Bénéfice de l'Entrepreneur, $\frac{1}{10}$.		15	9
Equipages, &c. la moitié.		8	
Total.	9	2	3

Mais en voilà assez pour cette fois. Je ne veux pas tomber dans ma derniere faute dont je vous réitere mes excuses.

Je suis, &c.

LETTRE XIX.

DE LA CHARPENTE.

Des Bois. De leurs bonnes qualités & de leurs vices, relativement à leur situation dans les forêts, au sol, à leur expofition & à leur exploitation.

Après la Maçonnerie, la Charpente eft, fans contredit, la partie la plus effentielle dans le Bâtiment. La maniere dont on conftruit aujourd'hui eft telle que les planchers, les combles, les efcaliers font du reffort de la Charpenterie. On ne fait pas, ou plutôt on ne peut conftruire impunément des voûtes dans un deuxieme, troifieme ou quatrieme étage. On ne bâtit pas communément des efcaliers en pierre, fur-tout dans de pareilles hauteurs de différens étages; tous les édifices ne fe terminent pas par des terraffes.

La Charpente étant donc une branche effentielle de la Bâtiffe, je ferai mon poffible pour vous faire connoître la nature des bois, leurs vices, leurs bonnes qualités ; leurs dispositions & leur emploi, (1) j'aurois dit volontiers leur assemblage. Mais cet article regarde le trait, & deviendroit un traité qui surpasseroit ce que je me suis proposé. Je m'étendrai cependant assez pour vous faire sentir la beauté de cette partie. Sans entrer dans les détails, j'agirai, comme je l'ai fait, pour ce qui regarde la construction en pierre.

Le chêne est le seul bois qu'on puisse prudemment employer dans le Bâtiment. Tous les autres sont proscrits, au moins à Paris, dans la Bâtisse ordinaire.

Le chataignier étoit autrefois fort en usage ; son bois plein, bien filé, aisé à dresser, réussissoit, même pour les poutres ; mais il a le désagrément d'être gras, & souvent rempli d'une séve fermentante, dont on ne peut le garantir. Depuis 1709, on n'en a presque pas employé ; la grande rigueur de cet hiver a détruit tout ce qu'il y en avoit sur pied. Cette raison est plus que suffisante pour aban-

---

(1) Voyez mon Traité de la force des bois, vous y trouverez tous ces détails.

donner ce bois. Cependant il est bon d'obferver que, depuis ce temps, on est dans l'ufage de recouvrir les bois. Par-tout on veut des plafonds. Le chataignier n'est pas fufceptible de cette opération, fes parties graffes & vifqueufes ne tarderoient pas à fermenter, à s'échauffer, ce qui entraîneroit une prompte deftruction. Il n'en est pas de même du chêne, lorfqu'on y apporte fes foins; auffi a-t-il la préférence fur tous les autres bois; c'est le feul dont nous parlerons, après avoir obfervé la prévention où l'on est que les araignées ne s'attachent pas au chataignier. En effet, dans les combles des anciens édifices, où on a employé ces bois, tels que ceux de la Sainte-Chapelle, de l'Eglife Cathédrale de Chartres, &c., il ne fe rencontre point de toiles de ces infectes, pas même de pouffiere que le lieu & le laps de temps pourroient produire. Mais avouons-le, n'attribuons pas cet effet à la nature de la charpente. La vraie raifon est que ces Edifices extrêmement élevés font ouverts au Nord par des baies de lucarnes qui laiffent entrer l'air; ces infectes ne peuvent y réfifter; à notre égard même, l'air à cette hauteur agit fi vivement fur la poitrine, que bientôt le poumon se dilate, & que la respiration est comme interceptée.

Revenons au sujet, & observons que tous les bois de chêne ne sont pas propres à la charpente. On doit choisir l'espece qui est la plus rustique, la plus roide & la moins cassante par la contexture de ses parties; aussi, dans les forêts, distingue-t-on ceux qui sont propres à la charpente, à la menuiserie ou autres usages. Quelquefois même telle forêt dans son entier n'est pas propre à la charpente; celle de Fontainebleau & celle de Chambord sont dans ce cas. Les bois en sont trop gras, les fibres trop foibles. Refendez-les, vous verrez une maille fine, molle, & les utricules ou sachets comme remplis de gomme ou liqueur visqueuse desséchée. Ces bois sont de toute beauté à l'œil; mais ils ne sont bons que pour la menuiserie. Vous auriez du désagrément, si vous les employiez en charpente. Au bout de sept à huit ans vous serez obligé de les renouveller, ils s'échaufferont & tourneront en pourriture.

La nature du local, sa situation, son exposition produisent plus ou moins de rigidité dans les fibres ligneuses ; il n'est pas indifférent que l'arbre ait cru dans un canton pierreux, sablonneux, marécageux, ou dans des terres grasses & fortes.

L'arbre vient-il dans un endroit bas & marécageux ? son bois est tendre & peu propre au fardeau ; on le reconnoît à sa couleur rougeâtre. Croît-il en un lieu aride & caillouteux ? il est ordinairement dur & d'un bon emploi. Est-il nourri dans des terres grasses & fortes, ou sablonneuses ? il participe des deux qualités de force & de foiblesse, à proportion que ces terres tiendront de l'une ou de l'autre nature.

Les bois qui viennent sur les rives des forêts sont supérieurs à ceux qui croissent dans le centre. Plus ils sont sur les lisieres, plus ils sont écartés les uns des autres & exposés de toutes parts au grand air, plus ils sont forts & solides ; c'est dans la nature. Un corps exercé & accoutumé aux intempéries de l'air est toujours plus fort qu'un autre qui n'a pas subi ces épreuves.

Il faut craindre les expositions où les arbres seroient trop exposés aux vents violens ; ils sont sujets à se rouler ; étant trop agités, la feve ne prend pas de confiftance, ne fait point corps avec les cernes ou crues de chaque année, qui alors fe féparent & font comme plufieurs cilindres emboités les uns dans les autres.

L'expofition du Nord, ainfi que celle du Levant, font les plus favorables pour la qualité. Les arbres deviennent plus gros, plus hauts, ils font mieux filés, les fibres en font plus droites, la contexture plus ferrée, l'écorce plus vive; deffous l'écorce, on trouve moins d'aubier : auffi, dans les forêts, diftingue-t-on ces expofitions.

Voyez fi l'arbre eft dans fa vigueur. Un bois trop âgé ne peut convenir, lorfqu'il s'agit de force. Il a le défaut de la vieilleffe, tel, à-peu-près, que nos corps. C'eft une obfervation faite de tout temps, & pour laquelle on lui a donné le nom de *Bois fur le retour*. Un chêne croît pendant cent ans; il eft cent ans, à-peu-près, dans le même état, & cent autres années à dépérir. Pour le prendre dans fon état de force, il faut donc le faire couper depuis 90 ans jufqu'à 160. Nous parlons des bons cantons, & fuivant l'ordre de la nature; car nous n'ignorons pas qu'il y a des terrains dont les arbres se couronnent dès l'âge de cent ans. Mais ce sont des exceptions du principe général.

Ces observations sont pour les grosses pieces de bois ou poutres, auxquelles il faut de la force, & conséquemment un gros équarissage. Pour toutes les autres qualités de grosseur on les prend comme on peut; il est cependant un fait, c'est qu'il y a un degré de maturité de bois préférable à tout autre; & si on se plaint de leur prompte destruction, c'est qu'on ne fait pas assez d'attention à ce principe.

Disons donc que le chêne, pour être employé avec avantage, ne doit pas être abattu avant 60 ans, ni après 200 ans Il dépérit après 200 ans. Il est trop jeune, & n'est pas formé avant 60.

Il faut encore apporter grande attention à l'exploitation des bois; on ne doit jamais couper les bois en séve: la matiere glutineuse, qui remplit les fibres, occasionneroit fermentation, & deviendroit un germe de corruption dans les arbres abattus.

Toutes

de ceux qui veulent bâtir. 193

Toutes les saisons ne sont pas propres à la coupe des bois ; on ne doit les abattre que lorsque la seve est entiérement arrêtée. Ce temps est depuis le 15 Septembre jusqu'au 15 Avril, l'Ordonnance des Eaux & Forêts y est formelle. Il seroit cependant encore à souhaiter que, pour le bois de charpente, on se restraignît dans un plus court espace de temps, comme du commencement de Novembre à la fin de Janvier. On auroit trois mois complets d'exploitation. La seve, pendant ce temps, est dans une espece d'inaction ; elle est arrêtée, engourdie ; le peu qui circule est sans force, & se dissipe au flottage qui est des plus intéressant pour la bonne qualité. En effet, ce moyen de mettre les bois à l'eau en fait dégorger les sucs grossiers, qui n'ayant plus, après la coupe, la circulation nécessaire, donneroient lieu à la corruption, par suite de fermentation. Si vous n'avez pas occasion de faire flotter votre bois, il faut y suppléer en le mettant tremper dans une eau claire & pure ; vous y trouverez le même avantage : mais gardez-vous de le placer dans une eau bourbeuse & croupissante ; vous ne feriez qu'accélérer son dépérissement.

N'employez jamais de bois verds, c'est-à-dire, coupés dans la même année que vous défirez vous en fervir, fur-tout fi vous avez à les recouvrir. Vous feriez obligé de recommencer votre opération au bout de fept à huit ans. Dailleurs, les bois font-ils apparens ? ils fe tourmentent, fe gauchiffent & fe fendent. L'ouvrage fe déjette, & n'est pas conforme à la propreté qu'exigent les regles de l'Art.

Depuis quelques années on a été obligé de fe fervir de tous les bois qu'on trouve fur les ports : à peine arrivés, on les enleve, on les emploie ; on y est néceffité par la grande confommation qu'occafionne la multitude des Bâtimens qui s'élevent dans cette Capitale. Plaignez ceux qui n'y ont pas fait attention. Ces bois non-feulement font verds, pour la plupart, mais même on ne leur donne pas le temps de fe reffuyer. Quels triftes effets n'en réfultera-t-il pas dans quelques années ! Je vous en laiffe juge ; fufpendez plutôt vos opérations que d'éprouver pareils inconvéniens.

Je fuis, &c.

LETTRE XX.

Pour cette fois contentez-vous, Monsieur, de dénominations. Elles vous feront d'autant plus utiles, qu'il est indispensable de connoître le langage de ceux avec qui l'on doit traiter.

Dénominations des Bois.

A.

Bois *abattu*, est le bois coupé & épars dans la forêt.

Bois *affoibli*, se dit quand on a diminué considérablement la forme d'équarissage, en la rendant courbe & rampante, ou en laissant des bossages ou des encorbellemens.

Bois *apparent* : le bois mis en œuvre & qui n'est pas recouvert, soit par des plâtres, soit par d'autres matieres.

Bois *arsin*, est un bois qui a été endommagé par le feu.

Bois avec *aubier*, est un bois dont les dernieres couches ne se sont pas consolidées &

durcies, de sorte qu'entre l'arbre & l'écorce il se trouve un bois blanc, imparfait, faisant un cerne sujet à être percé des vers, tombant en corruption & portant la contagion aux parties voisines. Pour former de bonne charpente, il faut que tout l'aubier soit enlevé.

B.

Baliveaux, sont les arbres que l'on laisse lors de chaque coupe ; suivant les Loix, on ne peut couper les bois qu'ils n'aient atteint l'âge de dix ans au moins ; on doit laisser, lors de chaque coupe, seize baliveaux d'âge par arpent, & tous les nouveaux & anciens qui s'y trouvent. Lorsque les bois sont chargés de baliveaux, les propriétaires peuvent se pourvoir pour obtenir la permission de les éclaircir.

Bois *blanc* est un bois poreux, de peu de consistance, qui n'est propre qu'à des ouvrages légers, & qui ne sont pas de grande importance.

Bois ou *forêt*, se nomme indifféremment pour une certaine quantité de terre plantée en arbres & buissons, sans ordre & suivant la simple nature.

Bois *bombé*, un bois formant une courbe naturellement.

Bois *bouge*, quand il a quelque courbure ou bombement, soit par suite de sciage ou autrement.

Bois de *brin*, c'est celui qui se fait, en ôtant les quatre dosses pour l'équarir.

C.

Bois *cantibon*. On le désigne ainsi, lorsqu'il n'a de flache que d'un côté. *Voyez* le mot *flache*.

Bois *carié* ou *vicié*, s'il a des malandres ou des nœuds pourris.

Bois *chablis*, c'est celui qui a été déraciné & renversé par le vent.

Bois *charme*, c'est celui qui a été pelé & qui est sans écorce.

Bois *de chêne*, c'est l'espece de bois la plus estimée. On en choisit de préférence les baliveaux.

Coupe, se dit du temps où l'on a le droit d'abattre le bois, ce qui ne se peut faire que tous les dix ans. Ceux qui cherchent à tirer de leurs bois un parti avantageux, se gardent bien de le couper à un âge aussi peu avancé.

Bois *couché* est du bois abattu & épars sur terre.

Bois *corroyé*, quand il a été dressé & réparé à la varlope.

D.

Bois *déchiré*, est un bois provenant de démolition ou de quelqu'ouvrage mis en piece.

Bois *en défens*, sont ceux dont on interdit la fréquentation aux usagers. Les taillis sont en défens de droit jusqu'à cinq à six ans. Le défens s'étend toujours aux chevres, aux cochons, aux moutons, & autres animaux qui peuvent nuire au bois. On excepte le temps de la glandée pour les porcs.

Bois *défensable*, celui qui est en état de résister.

Bois *déversé* & *gauchi*, lorsqu'après avoir été équari, il n'a pas conservé sa forme, mais s'est déjetté, incliné, déformé de quelque maniere, & par quelque cause que ce soit.

Bois *doux*, est un bois liant & aisé à couper.

Bois *dur* ou *rustique*, celui qui est propre à toutes sortes d'ouvrages de charpente, à cause de sa dureté.

E.

Bois *d'échantillon*, quand les pieces de bois sont d'une grosseur & d'une longueur déterminées.

Bois *échauffé*, lorsqu'il commence à se gâter, & qu'on lui remarque de petites taches rouges & noires.

Bois *encroué*, lorsqu'on abat un arbre, qu'il se renverse sur un autre, & que les branches des deux arbres se sont entrelacées, on dit qu'il est encroué.

Bois d'*équarissage*, quand il peut recevoir la forme d'un parallélipipede.

Bois d'*entrée*, est un bois abattu qui n'a pas encore eu le temps de se faire, & qui, pour bien dire, est entre verd & sec.

Bois *en étant*, est le bois que l'on doit couper, & qui est encore sur pied.

F.

Bois à *faucillon*, eſt un jeune bois qu'on peut abattre à la ſerpette.

Bois *filé*, eſt un bois bien droit, ſans nœuds qui puiſſent fixer ou fatiguer la vue.

Bois *de droit fil*: c'eſt celui dont toutes les fibres ſont preſque paralleles, & qui ſe refend aiſément.

Bois *flache*, c'eſt un bois qui n'eſt pas bien équarri, qui eſt mal dreſſé, & dont les arrêtes ſont partie enlevées ou mal formées.

Forêts. Il y en a qui ſont toutes plantées en futaie, d'autres toutes en taillis. Les bois depuis l'âge d'un an juſqu'à 40, ſont appellés communément taillis, parce qu'à cet âge le bois commence à s'élancer & à partir en futaie; à l'âge de 50 à 60, on les appelle demi-futaie, & à 100 ans on les appelle futaie.

G.

Bois *en grume*. C'eſt un bois qui n'eſt pas équarri, & qu'on emploie de toute ſa groſſeur, dans les pilotis, par exemple.

Bois *gelif*, s'il a des gerçures ou fentes cauſées par les gelées, on diſtingue ces gerçures de celles d'un bois employé trop verd, & qui s'eſt tourmenté.

Bois *giſſant*, eſt un bois abattu & couché ſur terre.

Bois *gauchi*, voyez *déverſé*.

Bois *gras*, eſt un bois plein, d'une belle qualité, aiſé à couper ; mais il n'eſt pas propre à la charpente. La menuiſerie eſt ſon partage.

L.

Bois *lavé*, quand on lui a ôté avec la beſaigüe tous les traits de ſcie & de rencontre.

Bois *légers*, ſont les bois blancs, comme ſaules, bouleaux, &c.

M.

Bois *marmanteaux* ou *de touche*, ſont ceux qui entourent un château, un parterre, & qui ſervent d'ornement ; les uſufruitiers n'en peuvent diſpoſer.

Bois *merrin*, c'eſt du chêne appellé *gras* ou *doux*, qui eſt moins poreux, ſans fil & a moins de nœuds que le bois ferme. On le débite en ais pour faire des tonneaux, cuves, &c.

Bois *mi-plat*, s'il eſt beaucoup plus large qu'épais.

Bois *mouliné*, est un bois pourri & rongé des vers.

Mort-bois, est un bois assez vicié pour ne pouvoir servir à aucun ouvrage.

N.

Bois *noué* ou *tortu*, lorsqu'il a plusieurs nœuds, & qu'on ne peut l'employer à porter de long. Il ne peut servir qu'à faire des courbes.

Bois *net*, lorsqu'il est sans malandres, nœuds vicieux, gales, fistules.

O.

Bois *ouvré* ou *non-ouvré*, quand il a passé ou non par les mains de l'Ouvrier.

Bois d'*ouvrage*, celui qu'on travaille dans les forêts, & dont on fait des sabots, des pelles, &c.

P.

Bois *en penil*, c'est un bois coupé nouvellement & au-dessous de trois ans.

R.

Bois *rabougri*, celui qui est tortu, mal-fait & de mauvaisse venue.

Bois *refait*, c'eſt un bois bien équari & redreſſé au cordeau ſur toutes ſes faces.

Bois de *refens*, lorſqu'on l'a mis par éclats pour faire le merrin, les lattes, &c.

Bois *recépé*, quand, à cauſe de quelques défauts, on l'a coupé par le pied.

Bois *refendu*, à travers lequel on a fait paſſer des traits de ſcie.

Bois *roulé*, quand les cernes ou crues de chaque année ſont ſéparés, & ne font pas corps, le bois ſe roule lorſqu'étant en ſeve, il eſt battu par un vent violent.

Bois *rouge*, voyez *échauffé*.

Bois *ruſtique*, voyez *bois dur*.

S.

Bois *ſain*, voyz *net*.

Bois *de ſciage*, celui qui eſt débité en ſoliveaux, chevrons, poteaux & membrures pour la charpente. Cette opération ſe fait, ou par des ſcieurs de long, ou par des moulins à ſcie.

Bois *de ſouche*, ſont les brins pouſſés ſur d'anciennes ſouches. Ils ne ſont pas bons pour la charpente, leur contexture étant trop foible.

T.

Bois *taillis*, c'est tout bois depuis un an jusqu'à quarante; il est de droit en défens, jusqu'à cinq à six ans.

Bois *qui se tourmente*, est celui qui travaillé se déjette, se gauchit, étant employé trop verd ou trop humide.

Bois *tranché*, signifie bois traversé par des nœux vicieux ou des fils obliques, qui coupent la piéce. Il ne résiste pas à la charge, & ne peut être refendu.

V.

Bois *vermoulu*, bois piqué des vers. *Voyez* mouliné.

Bois *vif*, bois dont les arrêtes sont bien vives, sans flache, & sans aucune écorce ni aubier.

Bois *volis*, est le bois cassé par le vent.

Voilà en général les dénominations des bois. Nous donnerons les autres dénominations particuliéres, à mesure que les différentes parties de Bâtimens, ou celles qui y auront rapport, nous en fourniront l'occasion.

Je suis, &c.

LETTRE XXI.

1. *Observations sur les Bois employés.*
2. *Des Planchers.*

Je vous ai donné une connoissance générale du bois de chêne ; voyons-le actuellement dans son emploi pour le Bâtiment.

Observez, je vous prie, qu'il doit être bien équarri, sans aubier, ni flache, ni nœuds vicieux, sans nulle malandre, gale ou fistule.

Voilà bien des conditions, cela est vrai ; mais elles sont essentielles ; on ne peut être trop attentif sur le choix des bois qu'on emploie dans les planchers, dans les pans de bois & dans les escaliers.

De la maniére dont on construit aujourd'hui, presque tous les bois sont recouverrs, & une partie des défaut que je viens de vous détailler occasionne, avec la privation d'air, une fermentation qui tend à la destruction.

A l'égard de l'équarissage & des flaches, la propreté de l'ouvrage demande cette attention, sur-tout si les bois sont à découvert. Au surplus on paie les bois mis en œuvre comme ayant ces conditions, autremeut les flaches doivent être défalquées.

Le bois employé dans les planchers mérite le plus d'attention. Etant couché ou plutôt posé horisontalement, il est dans sa plus foible force, il se rompt aisément. On sait que le bois debout soutient les plus grands fardeaux, mais cependant avec degré de proportion, vous verrez que le bois incliné est en force, à raison de son plus ou moins d'inclinaison. En effet, un morceau de bois cassera plus difficilement à l'angle de quarante-cinq degrés, que s'il étoit à vingt-cinq, &, à plus forte raison, étant posé horisontalement. L'expérience est aisée à faire. Contentons-nous pour le moment de jetter les yeux sur ce que nous appellons planchers formés en charpente. Je dirai d'abord que les bois prennent différens noms, suivant la maniere dont ils sont employés & les places où ils se trouvent. On se sert de piéces d'enchevêtrure, de chevêtres, de linçoirs, quelquefois de coyers, de lambourdes ou de poutres. Voyons les définitions de ces pieces, & suivons l'ordre alphabétique.

C.

Chevêtre, piece de bois portant des deux bouts dans les piéces nommées *Solive d'enchevêtrure*. On emmanche dans une de leurs faces les solives de remplissage, qui, pour l'ordinaire, portent de l'autre bout dans les linçoirs. Les chevêtres facilitent les âtres, les passages de cheminées & autres ouvertures.

Coyers, sont des pieces de bois placées en diagonales & vers les angles, pour éviter les grandes longueurs des bois servant de remplissage.

E.

Empanons sont les petites solives assemblées dans les pieces nommées *Coyers*.

Piéce d'enchevêtrure. C'est la plus forte solive qui, dans un plancher, traverse d'une face à l'autre, & dans laquelle se font les assemblages. On nomme cette piéce *boiteuse*, lorsqu'elle est scellée d'un bout dans le mur, & assemblée de l'autre dans une principale piéce de bois. La *Solive d'enchevêtrure* est la même chose que piéce d'enchevêtrure. *Voyez ci-dessus à la lettre* C. *Chevêtre.*

L.

Lambourdes, ce sont des bois qu'on met le long des murs, & que l'on place sur des corbeaux de fer; elles servent à porter les solives des planchers, soit pour éviter que les trous des scellemens, trop près les uns des autres, ne tranchent le mur, ce qui est contre l'usage, sur-tout pour les murs mitoïens; soit aussi pour éviter que les portées ne s'échauffent dans les murs, ce qui arrive dans partie des rez-de-chaussées ou des endroits humides. Il y a des cas où les lambourdes deviennent nécessaires pour la plus grande solidité; mais aujourd'hui on s'en passe en général, au moyen des assemblages formés par les pieces d'enchevêtrures, des chevêtres & des linçoirs.

On appelle aussi *lambourdes* des piéces de bois qu'on adapte de chaque côté d'une poutre, lorsqu'on veut éviter les deux épaisseurs de poutre & de solives, & les faire perdre dans les planchers. Les solives s'emmanchent alors

alors dans la lambourde qui est soutenue & cousue, suivant le terme, avec la poutre par chevillettes & étriers de fer.

Linçoirs, ce sont des especes de chevêtres qui sont distingués des autres, parce qu'ils n'ont d'autre usage que de recevoir l'assemblage des solives de remplissage. Ils ne doivent pas toucher au mur, ils doivent au contraire en être éloignés de cinq à six pouces. Ils suppléent aux lambourdes, & occasionnent une plus grande propreté d'assemblage.

P.

Poutre, est un fort morceau de bois qui traverse une piece, & qui porte les solives du plancher en formant deux travées.

S.

Solives, sont les pieces de bois formant plancher, scellées des deux bouts dans les murs ou portées sur des lambourdes; & on nomme *solives de remplissage*, celles qui sont assemblées dans des chevêtres ou linçoirs.

Soliveaux, sont les petites solives qui remplissent & garnissent les trop grands vuides.

Tome I. O

On les nomme quelquefois *empanons*. Voyez *Empanon*.

T.

Travée est l'espace qui est entre un mur & une poutre, ou bien entre deux poutres. La longueur de la solive fait celle de la travée.

Tels sont les bois qui entrent dans la construction d'un plancher. Vous sentez qu'ils doivent avoir différentes grosseurs, relativement à leur longueur, & vous devez avoir pour principe, que les bois portent en raison de leur hauteur, & non pas de leur base. Observez que l'on place le bois sur son fort; car, en général, une piece de bois portée par ses extrémités se farde dans le milieu. Vous placerez donc vos solives & autres bois longs, comme si vous vouliez former une voûte. Toute solive doit aussi être posée de champ. Placée suivant sa plus grande hauteur, elle a plus de force; ne la mettez jamais sur son plat, bien-tôt elle courberoit & descendroit en contrebas par son milieu.

Ne craignez pas, en plaçant vos bois de champ, qu'ils rompent, lorsqu'ils seront bien entretenus les uns à côté des autres. En conséquence de ce principe, faites refendre tous les bois qui serviront de remplissage ; c'est une épargne considérable pour la quantité, & un fardeau de moins pour vos murs, sans préjudice de la solidité pour vos planchers. Je vous le démontrerai dans une Lettre particuliere.

Faites attention encore aux différentes grosseurs de vos bois, relativement aux longueurs ; c'est le grand objet, & la raison pour laquelle souvent un plancher coûte le double de ce qu'il devroit valoir.

En effet, supposons qu'on ait besoin d'un morceau de bois de cinq à sept pouces de gros ; en multipliant ces deux dimensions l'une par l'autre, vous aurez 35. Hé bien, au lieu de cette piece de 5 à 7 pouces, on vous en fournira une de 7 à 8 pouces de gros qui produira 56. Jugez de la différence, & pour la valeur, & pour le poids qui se trouve en proportion. Faites aussi attention à la refente, & voyez l'épargne que vous vous procurez, même en rendant votre Bâtiment plus solide, puisqu'alors vous évitez de lui faire porter des masses énormes & inutiles qui se multiplient en raison du nombre des planchers. Soyez donc attentif à vos grosseurs, &, pour ne pas nous écarter, prenons pour guide les principes que nous dicte la pratique. C'est elle qui nous fournit une théorie éclairée, dont cependant je ne vous donnerai qu'une esquisse pour le moment, me réservant de vous faire part, quelque jour, d'un Traité complet dont je m'occupe, & auquel j'ai déjà travaillé de concert avec un ami (1) que j'ai eu le malheur de perdre. J'en ai réservé les manuscrits informes, & c'est en les travaillant de nouveau, & en les mettant au jour que j'aurai l'avantage de jetter quelques fleurs sur sa tombe. Il étoit juste, honnête, bon ami, grand travailleur, intelligent, possédant supérieurement son état ; c'étoit un homme rare. Vous ne me blâmerez pas de lui payer un tribut aussi justement acquis. Je séche mes larmes, & je reviens à ma Lettre ; pardonnez-moi la digression.

---

(1) Babuty Desgodetz, Architecte-Expert, mort en 1744. Nous avons travaillé ensemble à un Essai sur les Bois de charpente qui a été donné au Public en 1743.

de ceux qui veulent bâtir. 213

Si vous avez de vieux bois de démolition propres à être encore employés, vous pouvez vous en servir, mais seulement dans les planchers des étages supérieurs, & qui ne doivent pas porter de grande charge. Vous assemblerez alors dans les solives d'enchevêtrures des liernes pour recevoir ces vieux bois. Vous ne mettrez jamais ces liernes dans le milieu de la piece d'enchevêtrure, c'est l'endroit le plus foible; vous les ferez placer vers le tiers. Deux liernes posées de cette façon feront moins de tort à une principale solive, qu'une seule assemblée dans le milieu.

Ayez soin d'ailleurs que toutes les pieces, qui reçoivent les assemblages, soient de brin & jamais de sciage, si ce n'est les poutres qu'on refendra, ainsi que je vous l'observerai en son temps. La plus foible grosseur de bois de brin est de 5 à 7 pouces. Vous vous en servirez aux travées depuis neuf pieds jusqu'à douze de long.

Depuis 12 jusqu'à 15 pieds employez du 6 à 7 pouces.

Depuis 15 jusqu'à 18 pieds, du 7 à 8 pouces.

Depuis 18 jusqu'à 19 $\frac{1}{2}$, du 8 à 9 pouces.

Depuis 19½ jufqu'à 21, du 9 à 10 pouces.

Depuis 21 jufqu'à 24, du 10 à 11 pouces.

Depuis 24 jufqu'à 27 pieds, du 11 à 12 pouces.

Toutes ces dimenfions font pour les pieces qui fervent d'affemblage; car pour les rempliffages vous les ferez avec le même bois, mais refendu en deux; vous pouvez même leur donner, paffé 15 pieds, un pouce de moins de hauteur.

Par exemple, pour 15 pieds votre bois aura 4 à 7 pouces.

Pour 18 pieds, 4 à 8 pouces, & ainfi du refte.

Les efpaces entre chaque folive, & qu'on nomme *Entrevoux*, feront de 6 à 7 pouces.

En voilà affez pour cette fois; & je fuis, &c.

LETTRE XXII.

Des Poutres, de leur emploi, de la nécessité de les refendre, & des moyens d'en tirer la plus grande force possible.

ON ne faisoit point autrefois de plancher un peu considérable, sans y employer des poutres; car les plafonds étoient moins en usage; & si l'on s'en sert aujourd'hui, ce n'est que pour les planchers au-dessus de vingt-trois à vingt-quatre pieds. On y supplée par quelques pieces d'enchevêtrure & des coyers. Je vous l'ai déjà dit, si vous êtes obligé d'employer des poutres, vous ne pouvez apporter trop d'attention à la nature & à la qualité du bois. Rejettez toute piece qui peut avoir la moindre apparence de défaut; ne souffrez aucune malandre, nœud vicieux, ou noyau de pourriture. S'il se trouve quelques nœuds dans le bois, examinez s'ils ne tranchent point, s'ils ne pénetrent pas trop loin : observez les fibres, leur contexture. Voyez si tout l'ensemble de la piece est bien droit & bien filé, si le bois est sain, net, loyal & marchand; c'est un point d'appui essentiel que vous cherchez, la solidité de votre Edifice en dépend. N'épargnez pas vos soins, pour vous éviter le désagrément de recommencer vos opérations quelques années après. L'incommodité des Ouvriers, le dérangement qu'ils occasionnent, la grande & nouvelle dépense vous y engagent. Depuis que l'on fait des plafonds, & qu'on recouvre la charpente, les bois s'échauffent plus aisément, & on apperçoit plus difficilement le vice auquel on doit apporter remede. Une poutre qui vient à se casser, entraîne la ruine entiere du plancher, & souvent celle de tout l'Edifice, si l'on n'y remédie à temps. Voyons donc le moyen de prévenir tout inconvénient.

Votre bois bien choisi est un grand objet; mais cela ne suffit pas, il faut le refendre en deux, en conservant sa plus grande hauteur. La refente ne lui ôtera pas de sa force; & d'ailleurs vous verrez plus aisément comment il se comporte dans l'intérieur; s'il n'eſt pas vicié de quelque noyau de pourriture provenant de branchages caſſés & recouverts par l'écorce. Vous obſerverez ſi la contexture eſt égale & ſuivie, s'il n'y a pas quelques défauts de roulure, ſi le cœur eſt ſain, ſi le tout eſt d'une conſiſtance égale, ferme & dure, ſans être traverſé d'aubier ou d'écorce; ce ſeroit une ſuite de maladie ou de bleſſures que l'arbre auroit pu éprouver, & dont il ſeroit réſulté un vice, & conſéquemment une décompoſition prochaine, en lui ôtant la force ſi néceſſaire pour les bois deſtinés à l'uſage des poutres.

Votre bois étant refendu en deux, bien examiné & reconnu ſans défaut, raſſemblez-le, en adoſſant vos morceaux. Faites mettre le ſciage en-dehors, & ayez ſoin que les deux parties foibles ne ſoient pas vis-à-vis l'une de l'autre, mais que le plus fort réponde à celui qui l'eſt le moins; mettez-les bout pour bout. Vous aurez par ce moyen, autant qu'il eſt poſſible, une égale réſiſtance dans toute la longueur de la piece.

Que vos doſſes ne ſe touchent point; mettez entre deux, & de diſtance en diſtance, quelques lames de plomb, c'eſt le moyen de donner à l'air la facilité de circuler, & vos bois s'en échaufferont moins.

Pour entretenir l'un contre l'autre, vos deux morceaux de bois refendus, faites mettre des fretes de fer aux deux extrémités de votre poutre raſſemblée, & à trois ou quatre pouces des abouts faites entailler ces fretes d'un demi pouce ſeulement, elles s'entretiendront mieux, & vous les ferez ſerrer davantage.

Mettez encore par-deſſus & par-deſſous, à trois ou quatre pieds de diſtance l'un de l'autre de bons crampons de fer, ou plutôt de fortes plate-bandes avec talon de deux pouces entaillés de leur épaiſſeur dans les paremens extérieurs, ce qui les entretiendra & empêchera les devers. Attachez outre cela cette plate-bande avec cloux, pour leſquels vous aurez fait pratiquer des trous vers le talon, vous ne craindrez pas alors que la plate-bande tombe, ſi le bois vient à ſe deſſécher.

Votre poutre bien aſſemblée, comme nous l'avons dit, ne fera qu'un ſeul & même corps; vous en envelopperez de plomb les portées qui auront au moins 14 à 15 pouces de scellement ; ne lui laissez aucun contact avec la Maçonnerie : l'humidité, les sels de la pierre & du mortier pourroient lui nuire.

Il est bon que le bois reçoive l'air au moins par ses extrémités, cette circulation l'entretient ; ne fermez donc pas son trou de scellement par le dehors, mettez au-devant une dalle que vous percerez de trois ou quatre trous d'un pouce environ de diametre, en observant que ces trous soient inclinés dans l'épaisseur de la dalle ; de sorte que la partie basse & intérieure soit plus élevée que l'extérieure, afin que l'eau puisse couler, & ne pas pénétrer dans cet endroit.

Voulez-vous faire disparoître vos poutres dans l'épaisseur du plancher, mettez-y des lambourdes, attachez-les avec de bons étriers de fer & de bonnes chevillettes dentelées, que vous ferez chasser non pas horisontalement, mais en plan incliné. Faites attention que ces chevillettes ne pénetrent pas dans la poutre de plus de trois à quatre pouces, autrement vous trancherez le bois, vous lui ôterez sa force. Quand on met des boulons à travers ces poutres pour les rassembler, on s'écarte du principe; encore une fois le bois porte en raison de sa hauteur & non pas de sa base.

Assemblez vos solives dans ces lambourdes, mettez-les à tenons, & faites-les affleurer le dessous de votre poutre. Si, votre plancher posé, il y a une espace de 7 à 8 pouces & même plus, du dessus de vos solives au-dessus de la poutre, vous ferez un faux plancher, d'autant qu'il faudroit trop de charge sur vos solives, & qu'il y auroit un poids trop considérable à porter; mais, dans ce cas, le faux plancher est celui qui doit porter le plafond, n'ayant pas lui-même aucun autre charge, il doit être le plus foible, &, en général, servez-vous pour cette opération du bois refendu de 3 & 6 pouces de gros.

Avec ces précautions simples & raisonnées d'après la nature des bois, & les expériences réitérées, ne craignez rien pour les poutres & les poitreaux ordinaires, mais, si ces pieces avoient une longueur au-dessus de *vingt-cinq* à *trente* pieds, & qu'elles eussent un fardeau considérable à porter, nonobstant le plancher, n'en soyez pas plus inquiet; trouvez d'abord des bois de qualité & de longueur; choisissez ce qu'il y aura de plus net & de plus sain. Les longueurs des bois exigent des grosseurs relatives dont vous ne pouvez vous départir, à peu de chose près. En voici le tableau.

Longueur des poutres, leur largeur, leur hauteur.

Une poutre de 12 pieds aura 10 pouces sur 12 pouces.
    15..........11..........13
    18..........12..........15
    21..........13..........16
    24..........14..........18
    27..........15..........19
    30..........16..........21
    33..........17..........22
    36..........18..........23
    39..........19..........24
    42..........20..........25

Vous vous appercevez, d'après ce principe, qui est une loi que je vous ai déjà établie pour la force des bois, qu'il faut que les poutres aient plus de hauteur que de largeur, à-peu-près de 6 à 5 pouces, parce qu'il y a plus de parties qui résistent au fardeau.

Vos longueurs & vos grosseurs trouvées, faites refendre en deux vos bois sur la hauteur, on ne peut trop en donner, elle feule fait la réfiftance.

Reconnoiffez enfuite fcrupuleufement la nature & la qualité intérieure de vos piéces; préparez-vous à les raffembler, en forte que le cœur de l'arbre faffe le parement extérieur; oppofez la partie la plus foible à la plus forte, afin qu'il y ait compenfation dans toute l'étendue. Jufqu'à préfent c'eft notre premiere opération répétée. Voici ce qu'il convient y ajouter.

Prenez un autre morceau de bois, bien choifi, de 8 pouces de gros, & qui portera environ fept douziemes de la longueur de votre poutre; faites-le refendre en deux, vous aurez deux piéces de 4 & 8, qui vont fervir de nervure à votre poutre. En effet, vous les mettrez en plan incliné, en butant l'un contre l'autre en forme d'arc entre les deux morceaux qui compofent votre poutre: vous la ferez refouiller de deux pouces de chaque côté, afin d'y emboiter ces efpeces de décharges en plan incliné, à trois pouces près de l'affleurement du deffus & du deffous de vos poutres, & à fix ou huit pouces des abouts qui ferviront de butée. Ces morceaux bien exactement encaftrés dans l'intérieur de votre poutre, l'empêcheront néceffairement de ployer, fur-tout fi vous admettez au fommet, qui eft le milieu de la poutre, un fort boulon à tête quarrée d'un bout & à écrou de l'autre, avec de fortes rondelles de fer de fix à fept pouces quarrés, & d'un pouce d'épaiffeur. Le boulon paffera perpendiculairement entre les deux morceaux, & par-deffus on le ferrera tant qu'on pourra par le moyen de l'écrou. Votre poutre aura d'abord été fretée & cramponée, comme il a été obfervé. Jugez à préfent de la validité de l'opération. Vos décharges ne peuvent varier en aucun fens, elles font emboîtées & entretenues, elles communiquent, pour ainfi dire, à tout l'enfemble la force du bois de bout; Une partie ne peut fléchir fans l'autre; la réfiftance eft égale dans tous les points; elle eft dans la plus grande puiffance de l'Art de Charpenterie. Dans l'intérieur de votre piéce vous avez formé une voûte, dont les butées font d'autant plus invariables, qu'elles ont pour réfiftance le bois debout.

Dans aucun cas ne boulonnez horifontalement vos piéces, vous trancheriez la hauteur, & vous en ôteriez la force.

Je vous renvoie au furplus à la premiere opération. Je vous en ai affez dit, pour que vous puiffiez, par vous-même, prévenir tout inconvénient.

Je fuis, &c.

LETTRE XXIII.

Autre moyen dont on fe fert depuis quelques années pour fortifier une poutre. Des Combles.

J'ai oublié de vous parler dans ma derniere Lettre d'un moyen dont on fe fert quelquefois pour fortifier les poutres lorfqu'elles ont des longueurs extraordinaires, ou qu'elles ont des fardeaux particuliers à foutenir : le voici. Cette pratique eft en ufage depuis une douzaine d'années ; avant ce temps il n'en étoit point queftion.

On

On refend en deux la poutre en conservant sa plus grande hauteur. On admet aussi les lambourdes, comme je l'ai déjà dit, mais pour donner plus de résistance, & empêcher que le bois, par sa propre pesanteur, ne vienne à farder dans le milieu, on pratique entre les deux morceaux refendus une nervure inclinée telle que celle d'un comble dont on prendroit pour en faire l'entrait, une pièce de bois de brin de 7 à 8 pouces de gros, & de la longueur de la poutre. On la coëffe par-dessus de deux autres morceaux de bois de pareille grosseur qu'on met en plan incliné comme arbalêtrier, & qui font un triangle isocelle, dont la base est la solive posée horisontalement. Ces deux pièces inclinées ou arbalêtriers sont assemblées par le bas, à tenons & mortaise, en coupe biaise, à quatre pouces près des extrêmités de l'entrait, & par le haut sur un poinçon. On traverse verticalement l'entrait & toute la hauteur du poinçon d'un boulon à tête quarrée & à écrou, de façon que, par cet assemblage, l'entrait ne peut ployer dans son milieu, sans que les arbalêtriers inclinent & forcent le poinçon, ce qui eſt impoſſible pour un bois auſſi court, & de la groſſeur de celui de notre eſpece; il faudroit qu'il s'anéantît.

Ce moyen juſqu'ici eſt excellent; il ſeroit préférable au premier, ſi ce n'eſt que l'on eſt obligé de boulonner les morceaux de poutre qu'on adapte à chacun des côtés. Il faut l'avouer, les fretes & les crampons pourroient être inſuffiſans, d'autant qu'il y auroit trop d'eſpace entre l'une & l'autre doſſe, & que le fer perdroit beaucoup de ſa force. Il n'a en effet de réſiſtance, qu'autant qu'il eſt pris de court, & entretenu dans toutes ſes parties.

Tels ſont les expédiens que j'oſe vous propoſer. Le premier a des inconvéniens, puiſque, pour y encaſtrer la nervure, on eſt obligé d'affoiblir l'épaiſſeur des doſſes. Ici ce ſont les boulons qui tranchent le bois. Voyez, ſoyez le juge, & que la circonſtance vous décide. Aucune des deux manieres n'eſt à rejetter, elles ont leur avantage l'une & l'autre.

Des Combles.

On fait des combles à la Françaife & des combles à la Manfarde ; nous n'entrerons pas dans cette diftinction, notre but étant de ne vous entretenir que des combles en général. Les groffeurs des bois, les principes d'affemblages font les mêmes pour ces deux efpeces.

On pratiquoit autrefois les combles beaucoup plus élevés qu'on ne les fait à préfent ; c'étoit un abus. On ne retiroit aucun avantage de cette conftruction, qui ne faifoit que charger les Bâtimens. On fe contente aujourd'hui, & avec raifon, de les former, en leur donnant une hauteur moyenne entre le tiers & la moitié de la largeur de l'Edifice qu'ils ont à couvrir. Suppofons 36 pieds de profondeur, vous aurez pour la moitié 18 pieds.

Et pour le tiers, ... 12

Ajoutez ces deux fommes, vous trouverez 30
dont la moitié eft 15 pieds, moyenne proportionnelle entre 18 pieds & 12 pieds. Cette dimenfion eft pour le comble à deux égouts ;

car pour ce qui eſt en appenti, il faut doubler la profondeur, & faire, ſur la quotité qui en proviendra, la même opération que je viens de vous aſſigner. Vous avez ſuppoſé 15 pieds, dont le double eſt 30 pieds.

La moitié de 30 pieds, . . 15 pieds.
Le tiers 10 pieds, ... 10
Total, ... 25

dont moitié 12 pieds ½. pour la hauteur perpendiculaire de votre appenti; ceci eſt fondé ſur le même principe. Le comble en appenti eſt en effet la moitié de celui à deux égoûts : on ſe contente ſouvent du tiers ſeulement; mais obſervez que ces combles ſont ſujets à faire eau, pour le peu qu'il y ait de taſſement. Si les eaux refluent, ſoit par les cheneaux engorgés, ſoit même par les coups de vent, elles repaſſent par-deſſous les tuiles, &, malgré que le pureau ſoit tiercé, elles paſſent dans l'intérieur du Bâtiment, incommodent, & font pourir les bois, &c. Ne vous écartez donc pas de la dimenſion que je vous indique, ſur-tout s'il y a quelques noues, ou que la couverture ſoit en tuile. Pour l'ardoiſe on peut lui donner moins de pente, mais bien peu au-deſſous.

Faites auſſi attention que vos fermes ne paſſent pas 18 à 20 pieds de diſtance de l'une à l'autre. Cela exigeroit des pannes trop fortes, & elles flamberoient dans le milieu; alors votre comble deviendroit creux en cette partie, on feroit contraint de caller les chevrons peu de temps après, de remettre des fourures, &c.; opération que l'on doit d'autant plus éviter, qu'elle eſt la ſuite d'une faute.

Vos entraits & vos arbalêtriers doivent être faits avec des bois refendus. Vous obſerverez que ſi vos entraits portent plancher, il faudra les conſidérer comme poutres, & agir d'après les regles que je vous ai donnés.

Vous pouvez cependant partir d'un principe plus ſimple, faites votre plancher comme s'il n'y avoit pas de comble, & au-deſſus mettez des ſemelles traînantes, ſur leſquelles porteront les pieds des arbalêtriers; c'eſt ce que je vous ferai connoître.

Soyez attentif à ce que les aſſemblages de vos combles ſoient ſuivant l'art & la propreté convenables: on voit avec plaiſir cette partie de charpente, qui ſouvent n'eſt pas recouverte. La beauté, la combinaison, l'équilibre des corps sont toujours des objets qui flattent les sens. Il faut avouer cependant qu'on traite mieux en Province cette partie de l'art de bâtir qu'on ne fait à Paris; on compte en cette Capitale sur les lambris; en Province au contraire, les bois du comble sont toujours apparens; aussi le Charpentier en fait-il son morceau d'honneur, ainsi que ceux de Paris les escaliers. Mais laissons cette digression, revenons à la pratique, & contentons-nous de remarquer que la grosseur du bois doit être proportionnée à la charge & à la longueur. D'après ce principe, vous reconnoîtrez que, dans la plupart des combles, on emploie beaucoup plus de bois qu'il ne convient. De cet excès il résulte plus de dépense, & les murs sont chargés d'un poids inutile : les bois dans les combles sont inclinés, & par cette situation propres à porter un plus grand fardeau que ceux des planchers qui sont posés horisontalement; l'expérience le prouve.

 Le comble est composé d'un entrait ou tirant, de deux arbalêtriers, de deux liens, d'un second entrait, d'un poinçon, d'un ou deux cours de pannes, d'un faitage. Souvent, au lieu d'un tirant, lorsqu'un Bâtiment est doublé en profondeur, on met au-dessus du plancher une semelle traînante qui est une plate-forme de 4 à 8 pouces de gros. Mais, comme dans un Bâtiment double on ne trouveroit pas un morceau de bois d'une longueur suffisante, on en assemble deux à queue d'hironde, & on les entretient en cette partie par une plate-bande de deux pieds de longueur avec bons talons, percée d'ailleurs de deux trous de chaque côté, pour recevoir de forts clous. Aux deux abouts de cette semelle traînante, on met des ancres & des tirans en fer, c'est le moyen d'empêcher l'écartement des murs de face.

Je vois d'avance que vous m'allez demander quelles grosseurs on emploie pour chacun de ces morceaux de bois, relativement à leur usage : les voici.

Prenons une mesure de six à sept toises dans œuvre.

Les semelles traînantes auront quatre à dix pouces.

Les arbalêtriers cinq à dix pouces.

P 4

Ils pourront être en deux morceaux; alors ceux d'en-bas s'appellent jambes de force, & ils s'assemblent dans l'entrait, ce qui donne plus de facilité pour le quarré de maçonnerie qu'on fait ordinairement, afin de rendre toute l'étendue du grenier plus praticable.

L'entrait sera aussi de . . . . 5 à 10 pouces.
Le poinçon . . . . 5 à 10.
Les liens , ... 5 à 7.
Le faitage , ... 7 à 10.

Les pannes en bois de brin de 9 à 10, si toutefois elles sont de 18 à 20 pieds de distance l'une de l'autre; autrement on se sert du 6 pouces, du 6 à 7 pouces, ou du 7 à 8 pouces, suivant le plus ou moins de distance. Il en sera de même pour le faitage.

A l'égard des pannes, ayez soin que le premier cours soit élevé au moins à six pieds au-dessus du plancher; vous aurez alors plus de facilité pour les logemens de cet étage; il est ridicule de voir une panne couper une baie de lucarne.

Les tasseaux & chantignoles seront en conséquence des pannes.

Les chevrons seront de 3 à 4 ou 4 pouces

de gros. On les posera des quatre à la latte, c'est-à-dire, qu'il y aura du milieu d'un chevron à l'autre un pied.

N'avez-vous que 20 à 24 pieds dans œuvre, les bois de 5 à 7 pouces de gros vont à merveille pour la plupart des bois de comble.

Quant aux pannes & faitages, leurs longueurs seules en décident. Les arbalêtriers, autant qu'il sera possible, seront d'un seul morceau. Dans ce cas l'entrait s'assemble dans l'arbalêtrier, au lieu que, lorsqu'il est en deux morceaux, il s'emmanche dans l'entrait.

N'allez pas vous méprendre, ne confondez pas l'appenti avec le comble à deux égouts; le premier ne fait que la moitié de l'autre.

Je suis, &c.

LETTRE XXIV.

Des Lucarnes ; des Pans de bois ; des Cloisons ; des Escaliers. Observations sur le toisé des Bois. Maniere d'évaluer leurs prix lorsqu'ils sont mis en œuvre.

NE vous ennuyé-je pas par le trop de détail ? Je l'appréhende, je connois votre complaisance, mais je n'en veux pas abuser.

Des Lucarnes.

Je ne vous dirai rien des lucarnes, elles ne sont pas d'une assez grande conséquence pour en faire une mention.

Pans de bois.

Nous passerons aussi fort légérement sur les pans de bois ; il vous suffit de savoir qu'ils sont composés de sablieres, poteaux de croifée ou d'huisserie, linteaux, appuis, potelets, poteaux-corniers, &c.

Il y a deux sortes de sablieres, les simples & les délardées. Les simples doivent avoir 6 à 7 pouces de gros, les délardées 8 à 10 pouces.

Les poteaux de croisées ou de portes auront 5 à 7 pouces, les linteaux de même, ainsi que les appuis, & les potelets qui peuvent varier en moins. Quant aux poteaux-corniers placés sur les angles, on les refeuille, & on leur donne 10 pouces de gros.

Des Cloisons.

Les cloisons portant planchers auront à-peu-près les mêmes dimensions pour les grosseurs de bois, c'est-à-dire, 8 à 9 pouces de gros; celles qui ne portent point de planchers ne seront que de poteaux de 4 à 6 pouces, & même je vous conseillerai alors de vous contenter de les faire à *claire voie*, c'est-à-dire, avec des planches refendues & posées tant pleines que vuides, entretenues haut & bas avec des coulisses. Dans ce cas s'il y a des portes, il faut des poteaux d'huisserie de 3 à 4 pouces de gros ; s'ils ne doivent pas être recouverts avec des chambranles de menuiserie, on les quartderonne sur l'arrête opposée à la feuillure, & d'ailleurs il faut les refeuiller d'un pouce d'épaisseur de chaque côté de la partie opposée, afin d'y attacher la latte, & que le plâtre fasse recouvrement ; on rapporte quelquefois des tasseaux, mais c'est une mauvaise opération : le plâtre s'en détache, & on voit le jour à travers le joint ; il ne faut pas le souffrir. En général, ce sont les Menuisiers qui font ces cloisons, & ils les traitent beaucoup plus proprement que les Charpentiers. Je vous dirai même que les cloisons de sapin, pour le remplissage, rendent tout autant de service que celles de bois de chêne ; le plâtre en fait la consistance, elles sont moins épaisses, plus légeres conséquemment, & elles coûtent moins. Quant aux poteaux d'huisserie, il les faut toujours en chêne.

Des escaliers.

Un escalier, soit qu'il soit en pierre, soit

qu'il soit en maçonnerie, doit être aisé, commode & bien dessinée; ce sont des principes dont on ne peut s'écarter.

A l'égard de ceux de charpente, les grosseurs de bois qu'on y emploie varient suivant le dessin & les courbes qu'on est obligé de pratiquer. Je vous ferai seulement remarquer que vos limons & vos courbes ne doivent avoir que trois ou quatre pouces d'épaisseur sur un pied, ou 14 pouces de haut pour être agréables & avoir la légereté convenable; ce n'est pas qu'on ne les refouille dans des bois de plus forte épaisseur. Mais cet élégissement est un travail de plus, & ce qui est supprimé est réduit en copeau. Je vous dirai en passant que, lorsque l'on veut mesurer ces bois, on les toise dans leur épaisseur équarie, & même on les paie sur ce pied. On pousse des moulures sur les arrêtes des courbes & des limons pour leur donner plus de propreté, & l'on quarderonne les marches.

Les escaliers de charpente sont composés de patin, limon, noyau recreusé ou noyau plein, sabots, marches droites, marches dansantes & paliers.

Ayez soin que les assemblages & les joints soient faits proprement, & qu'on ne distingue, pour ainsi dire, leur union que par la couleur & les fibres du bois, qu'ils soient bien entretenus par des boulons & écrous; que tout soit bien raccordé & sans jarets, que sous chaque joint il y ait une plate-bande entaillé proprement de son épaisseur, & entretenue par des vis taraudées, que cette même plate-bande prenne bien le contour des deux morceaux dont elle empêche l'écart; enfin que tout le limon de votre escalier ne semble faire qu'un seul morceau & se développe, comme je vous l'ai déjà observé, ainsi que l'écorce d'un arbre en seve, coupé en spirale & enlevée de son bois.

Que la volute ou le pilastre formant la naissance de l'escalier soit bien dessiné & jetté avec grace; que votre limon conserve toujours dans toutes ses parties une égale hauteur. Alors votre escalier ne peut manquer de réussir. Vos marches, soit droites, soit dansantes, auront toutes la même largeur, ou plutôt le même giron dans le milieu. Vos paliers de repos doivent être bien pratiqués

& espacés, avec cette condition qu'il n'y ait jamais plus de treize marches de suite sans rencontrer un palier. On donne le plus de largeur qu'il est possible au colet des marches, on ne les cintre sur leur plan qu'autant que l'on y est nécessité ; on leur donne une ligne de pente sur le devant. Elles doivent être pleines, au moins pour les premiers étages, c'est une très-foible dépense de plus, & rien n'est plus désagréable que de voir du plâtre ou du carreau auquel on est obligé de faire de continuelles réparations. On étoit assez dans cet usage, il n'y a pas encore long-temps, & même l'on se servoit de bois de six à sept pouces de gros, le reste de la marche se remplissoit en plâtre que l'on recouvroit en carreau. On a reconnu l'inconvénient de cette pratique ; on ne s'en sert aujourd'hui que pour les étages du haut. Voyez la lettre que je vous ai écrite, sur les escaliers, en supppofant que vous l'ayez conservée.

Observation sur le toisé des Bois.

Suivant les us & coutume de Paris on toise

les bois selon les longueurs qu'on leur donne quand on les coupe dans les forêts. Ces longueurs sont dans une progression arithmétique de trois pieds en trois pieds ; c'est-à-dire que, quand les bois employés ne se trouvent pas précisément de ces longueurs, 3, 6, 9, 12, 15, 18, 21, 24, 27, 30, 33, 36, 39, 42, on prend toujours le nombre au-dessous, parce qu'on suppose que, dans l'emploi, la coupe a perdu le surplus. On a admis cependant une proportionnelle entre le Bourgeois & le Charpentier, ce dernier sachant toujours se dédommrger.

Je vous adresse cette table de réduction des longueurs, selon ce qui se pratique ; l'on compte dans ces mesures celles des tenons qui servent pour les assemblages.

Tout bois, quelque petit qu'il soit de longueur, est compté pour . 1 pied 6 pouces.

2 pds	po.	pds	po.	pour.	2 pds	po.
2	6	& 3	3		3	
3	4	4	3		4	6
4	10	6	3		6	
6	4	7	9		7	6
7	10	9	3		9	
9	4	10	9		10	6
10	10	12	3		12	

12 pds.	4 po. &	13 pds.	9 po. pour	13 pds.	6 po.
13	10	13	3	15	
15	4	16	9	16	6
16	10	18	3	18	
18	4	19	9	19	6
19	10	21	3	21	
21	4	22	9	22	6
22	10	24	3	24	
24	4	25	6	27	

D'après ces longueurs on doit s'appercevoir aisément de la progression. Cette regle s'observe pour tous les Bois mis en œuvre, à l'exception des chevrons, des poteaux de remplissage & autres bois bâtards, à l'exception aussi des solives quand leur longueur est confondue avec celle d'enchevêtrure, à cause du chevêtre, & alors 24 pieds 3 pouces jusqu'à 25 pieds 9 pouces seront comptés pour 25 pieds $\frac{1}{2}$. 25... 9 jusqu'à 27... 3. 27

Pourquoi cet usage, me ditez-vous ? Le voici. Le Marchand n'ayant pas toujours des longueurs justes de 6, 9, 12, 15, &c. vend son bois pied-avant, pied-arriere, c'est-à-dire qu'une longueur de 5 pieds & une de 7 pieds est payée à 6 pieds ; 8 & 10 pieds pour 9 ; 11 & 13 pieds pour 13, &c. Cette maniere de mesurer est même adoptée par les Officiers

Tome I.   Q

préposés pour la perception des droits royaux.

Un Charpentier intelligent fait tirer grande partie des fausses coupes. Un chevêtre, un linçoir plus ou moins reculé ou avancé, la maniere enfin de combiner ses bois mis en œuvres, lui procurent de gros avantages.

D'après ce principe, me direz-vous, vous n'avez plus de point pour fixer un prix, il sera plus ou moins fort, suivant l'intelligence de votre Charpentier; cela est vrai à un point, ne vous inquiétez pas cependant, il est un moyen victorieux où chacun à le sien; le voici : spécifiez dans votre devis que les bois seront toisés suivant les longueurs & grosseurs mises en œuvres, sans aucun usage; &, pour remplacer le défaut d'usage auquel le Charpentier déroge par le marché, il lui sera alloué un sixieme en sus du prix courant.

Il me reste à présent à vous faire connoître ce que peut coûter aujourd'hui chaque piece de bois mise en œuvre ? C'est le prix du port qui en décide, le cent se vend aujourd'hui, compris les droits d'entrée, de tirage, &c. 515 l.

Voiture au chantier, ... 25
540

de ceux qui veulent bâtir. 243

Ci-contre. . . . . 540 l.
Façon, emploi, main-d'œuvre &
voiture au Bâtiment. 100
Total. (1) 640

Dans ce cas l'estimation des bois toisés suivant l'usage contient tous les déboursés en marchandises, voitures & façon. Les usages servent à remplir le bénéfice de l'Entrepreneur & ses faux-frais.

En conséquence, si, par votre marché, vous les supprimez, il est naturel de lui en tenir compte, & c'est un sixieme environ que vous accorderez en plus valeur du prix courant. Dans l'hypothese actuelle du bois à 640 l. vous le paierez 750 liv. mis en œuvre & toisé sans usage. On ne s'arrête pas dans la pratique à 3 ou 4 liv. de plus ou moins sur un cent.

___

(1) Année 1781. Le bois se regle 640 liv. le cent, y compris escalier, lucarnes, &c., ce qu'on appelle bois de qualité, & dont le Charpentier demande une plus valeur d'environ un tiers. Vous observerez cependant que, quand il n'y a qu'un escalier à faire ou autre construction de qualité, le bois se paie environ ¼. plus cher. Le tout toisé suivant l'usage.

Q 2

J'obferverai, s'il vous plaît, qu'à l'égard des poutres qui paffent quinze à feize pouces; & que vous refendez, le prix eft différent; leur grande longueur, groffeur & qualité en décident. Il eft tel de ces bois qui fe paie fur les ports 1000 à 1200 liv., quelquefois plus. Le temps, les circonftances contribuent beaucoup à ces valeurs. Sachez donc le prix des ports, ajoutez-y les voitures & la main-d'œuvre. En voilà affez pour cet Ordinaire, ma Lettre n'eft déjà que trop longue, je finis, & je fuis, &c.

LETTRE XXV.

Des vieux Bois, des Etaiemens, des Cintres de Charpente pour les voûtes, & des Etrefillons pour les terres.

Des vieux Bois.

Sur l'emplacement où vous voulez bâtir, vous avez fans doute d'anciens édifices qu'il faut démolir. Avant de faire un abatage complet, faites cribler tous vos planchers, découvrir tous vos bois, enlever les plombs, la tuile ou ardoise de vos combles; &, quand vos bois seront bien visibles, donnez-les en compte au Charpentier; qu'il s'en charge à ses risques, périls & fortune. A cet effet prenez les attachemens les plus exacts, des longueurs & grosseurs de chaque morceau ; ne comptez pas les tenons, ni les portées dans les murs. C'est une indemnité que vous devez pour quelques déchets, pour le transport de vos bois au chantier, & pour la démolition, le tout se faisant aux frais de l'Entrepreneur. Faites encore remise sur chaque morceau d'un pouce de grosseur sur une des faces; de sorte que si le morceau de bois a six pouces de gros, vous ne le compterez que pour 5, 6, & ainsi du reste. Si vous ne prenez ces précautions de donner vos bois en compte sur le tas, vous en perdrez moitié. Il n'y a pas jusqu'au moindre compagnon qui ne fasse sa *fouée*, c'est l'expression. Il emporte à cet effet tous les bouts de bois de 18 pouces, deux pieds de long, vous le voyez les placer sous son bras, en tenant le bas de sa veste.

C'est un abus, je l'avoue ; mais tâchez qu'il ne soit point à votre charge. Je vous en donne le moyen, & si vous n'y faites attention, ils couperont dans vos plus belles pieces de quoi fournir à ces fouées, que modestement ils enlevent trois fois par jour, au dîner, au goûter & à la sortie ; heureux s'ils ne le répetent pas plus souvent dans le cours de la journée. Cet abus est si attrayant pour l'Ouvrier, que quand bien même, comme il se pratique souvent, vous feriez donner à chaque compagnon qui démolit un pour-boire de cinq sols par jour pour l'indemniser de ce prétendu droit, vous n'en seriez pas moins au pillage. Croyez-moi donc, donnez votre bois en compte sur le tas : que votre Charpentier en soit chargé ; vous êtes débarrassé de toute inquiétude. A son égard, il saura y mettre ordre ; au moins est-ce son affaire. Quant au vôtre, pour ne pas y être surpris, faites de cet article une des conditions de votre devis. C'est ce que je vous détaillerai dans le modele des marchés que je me propose de vous communiquer.

Vous observerez que, quoique vous donniez en compte à votre Charpentier tous les bois, tels qu'ils se trouvent employés, cependant lorsque la démolition sera faite, comme vous ne voulez employer que de bons bois, reprenez en compte, sur les mesures que vous avez données, tous ceux qui seront défectueux, soit parce qu'ils seront échauffés ou criblés de mortoises; défalquez-les de la quantité que vous aurez livrée; faites-les mettre à part & enlever tout de suite, autrement ils disparoîtront: qui les aura enlevé? c'est une question aisée à résoudre, mais par provision vous en serez frustré. Vous ne pouvez être trop surveillant, & vous leverez toutes difficultés par le moyen que je vous donne. Profitez de l'avis. Toisez & calculez vos vieux bois avec usage; si vous n'avez pas fait déroger l'Entrepreneur pour les bois neufs, c'est votre droit, la loi est respective. Dans tous les cas disposez votre marché de maniere que la démolition & le transport des bois se fassent, comme je vous l'ai enseigné, aux frais & dépens du Maître Charpentier; après avoir pris toutes ces précautions, soyez tranquille. Lorsqu'il s'agira de la réception des ouvrages & du réglement des Mémoires, tous les bois seront toisés comme neufs, mais vous rabattrez sur la quantité de bois les vieux que vous aurez donnés en compte, & vous en paierez seulement la façon d'après les prix convenus. Je vous répete cette observation, afin que les vieux bois mis en œuvre, en compte comme en réception, soient toisés suivant l'usage, il n'est pas naturel que l'Entrepreneur ait pour un objet l'avantage dont le Bourgeois (1) seroit privé.

Si vous soupçonnez que votre Entrepreneur vous ait donné plus de vieux bois que vous ne lui en avez fourni en compte, faites toiser tous les vieux bois séparément sur leur longueur, telle qu'elle est dans l'emploi, & diminuez, dans ce cas, un pouce sur une des faces, calculez-les de même, sans aucun usage. Usez-en de même pour les mesures & attachemens des vieux bois. Le total en doit être moindre, ou tout au plus équivaloir à celui des bois donnés en compte. S'il est plus

---

(1) Nom que les Ouvriers donnent à ceux qui font bâtir, fussent-ils Princes du Sang. le Roi même est leur Bourgeois.

considérable, le Charpentier est digne de reproche.

Etaiemens.

Si vous avez quelqu'édifice à reprendre par sous-œuvre, c'est une opération coûteuse & délicate qui demande bien des soins & des précautions. Examinez donc bien votre opération. Peut-être seroit-il plus expédient de prendre votre parti, & de démolir votre ancien édifice pour le reconstruire à neuf. Vous y gagneriez pour l'exécution de vos plans & pour la commodité de vos distributions. Voyez, consultez, ce n'est pas l'instant où il faut craindre la dépense, il suffit de la connoître. En effet, il arrive souvent qu'après avoir étayé on se trouve contraint de démolir. Ce qu'on a fait tombe en pure perte. Je ne vous dissimulerai pas que cet inconvénient n'arrive quelquefois par un peu de supercherie de la part de l'Entrepreneur; mais quelquefois aussi ce n'est pas sa faute, c'est la circonstance; le haut du Bâtiment ne peut se raccorder avec le bas : dans un autre instant ce sont les nouveaux percés pour les différentes baies; par fois il survient des surplombs, lorsque l'on ôte les étais : ici le nouvel ouvrage arrache & entraîne le vieux, c'est une suite naturelle des tassemens, il est vrai, mais il faut l'avouer, ces tassemens sont plus ou moins considérables, suivant le plus ou moins de soin qu'on y a apporté. Le résultat est qu'on regrette une opération vue trop économiquement ; on finit par démolir deux ou trois étages qu'on a voulu conserver mal-à-propos, & on paie des chevalemens & des étaies qui font souvent plus de la moitié de la valeur de tout l'ouvrage. Nous n'en avons que trop d'exemples. Le projet de reprendre par sous-œuvre est une opération douteuse, & dont on ne se sert souvent que pour ne pas vous effrayer sur la dépense. Un Entrepreneur ardent la suggere, lors même qu'il est persuadé qu'on sera toujours obligé de revenir à la démolition. Que lui importe ? L'ouvrage est commencé, il y a mis son cachet suivant le langage des Ouvriers, c'est à lui à le finir.

Quelque chose qui arrive, si vous faites étayer, ne ménagez pas les grosseurs des bois pour les chevalemens, ainsi que pour les

de ceux qui veulent bâtir. 251

étaies; avec du bois trop foible, vous courriez les plus grand risques, & l'inquiétude seule n'est pas peu de chose. Encore un coup, vous ne pouvez prendre trop de précautions. Faites attention à vos points d'appuis, voyez s'ils partent de fond. A leur défaut, mettez des couches assez longues & assez fortes pour obvier aux différens accidens; faites porter ces couches sur de forts chantiers, de maniere que le tout puisse se soutenir & se contrebalancer, tel qu'un *radeau* pourroit faire sur l'eau. Que vos chevalemens & vos *pointails* soient assez forts pour ne pas ployer sous le fardeau. Ce n'est pas ici le cas d'épargner, sur-tout si le poids à soutenir est considérable. Les angles saillans demandent des soins particuliers, ils sont isolés, rien ne les entretient, & leur tension ordinaire est de tirer au vuide. Le corps auquel on croit qu'ils tiennent se tourmente & les fait écarter. Veillez-y donc, apportez-y les plus grands soins.

Ces bois d'étaiement se toisent suivant la convention du marché, & on les paie au cent de pieces, comme les vieux bois. Observez cependant que les bois, une fois arrivés au Bâtiment & employés; s'ils se transportent pour de nouveaux étaiemens, on ne doit payer ces seconds que deux tiers du prix des premiers. Mais la précaution de le prévenir par votre devis est nécessaire, elle fait loi, & strictement vous ne pouvez exiger cette diminution, à moins que la condition n'en soit insérée dans votre marché.

Des cintres pour les voûtes.

A l'égard des cintres pour les voûtes, arcs, plate-bandes de croisées & de portes, chargez-en par le devis l'Entrepreneur de maçonnerie. Ces objets le regardent, ainsi que les échafauds & outils. Mais, depuis un temps, dans quelques circonstances, on les a accordé aux Entrepreneurs. Qu'en est-il résulté? un abus qui s'est introduit & qui est passé en usage. Vous y obvierez par votre devis.

Des Etrésillons.

Il en est de même pour les étrésillons. Lors des fouilles de terre, chargez-en l'Entrepreneur. Avec des soins, il saura surmonter les difficultés, elles l'intéreffent. Si vous vous en chargez, il vous plongera dans la dépenfe par l'avidité du gain le plus modique, ou pour s'éviter le moindre foin. D'après cet expofé, jugez de la néceffité d'un Architecte honnête homme, & qui fache faire un devis. Je fuis, &c.

LETTRE XXVI.

COUVERTURE.

De la Couverture, tant en ardoife qu'en tuile. Détail de tous ces ouvrages.

Nous avons paffé en revue les deux plus forts articles des Bâtimens, en parlant de la maçonnerie & de la charpente. C'eft de ces deux genres d'ouvrage que dépend toute la folidité d'un édifice; ils emportent d'ailleurs le plus fort de la dépenfe. Les autres parties ne font, pour bien dire, qu'acceffoires. Il vous eft cependant effentiel de les connoître; auffi vous en ferai-je le détail; il eft bon que vous vous accoutumiez à la patience, puisque vous voulez bâtir ; c'est un moyen d'en recueillir le fruit & l'agrément.

Je vous entretiendrai donc aujourd'hui de la couverture. Je vous ai observé, en parlant des combles, que la pente devoit former un triangle dont la hauteur étoit au moins le tiers de la base, cette dimension est bonne pour un comble couvert en ardoise ; pour celui qui est en tuile, il faut forcer cette hauteur, en ajoutant un sixieme de ce même tiers.

Aujourd'hui on est assez dans l'usage de supprimer le comble. On termine l'Edifice en terrasse, ce que nous appellons *à l'Italienne*; on se sert alors de dalles.

Voilà donc trois especes de couverture. Celle d'ardoise, celle en tuile, & celle en dalles. Je ne vous citerai pas le bardeau (1), non plus que le chaume (2). Ces couvertures ne méritent pas votre attention.

---

(1) C'est une couverture faite avec de petits ais ou douves de tonneau, coupées de la longueur de la tuile, & qu'on emploie de même. Ces morceaux de douves se nomment *Bardeau*.

(2) Au lieu de chaume, on emploie aussi de la paille de seigle, & en quelques endroits du roseau.

Ardoise.

Commençons par la couverture en ardoise, c'est la plus propre, la plus légere & la plus agréable à la vue; celle qu'on emploie à Paris vient d'Angers ou des environs; celle de Charleville ou de Mézieres y est prohibée; elle est cassante, épaisse, lourde, & se décompose aisément.

La meilleure ardoise est celle qui est la plus noire, la plus ferme, dont les grains sont fondus ensemble, qui a une couleur égale, & non mêlée de particules brillantes, comme on en voit dans le fer aigre; car alors elle seroit cassante & tiendroit de l'ardoise de Charleville & de Mézieres, & par conséquent seroit d'un mauvais usage.

Le millier de la grande ardoise quarrée fait environ 5 toises $\frac{2}{3}$. y compris le déchet. Il en faut 175 par toise. L'ardoise porte sept pouces & demi de large, un pied de long, & on lui donne quatre pouces de pureau (1),

_____
(1) Le pureau, soit en ardoise, soit en tuile, est toujours le tiers. Faites-y attention, ne le souffrez jamai moins fort; votre comble seroit sujet à faire eau, & à pourrir votre charpente.

c'est-à-dire, qu'une ardoise doit recouvrir de huit pouces celle qui est au-dessous.

La quartelette, dont le millier fait trois toises & demi environ, est propre pour les dômes; la toise consomme 318 Ardoises, & fait, y compris le déchet 3 toises $\frac{1}{7}$. Cette ardoise porte 5 pouces $\frac{1}{2}$. de large & 9 pouces de haut, le pureau en doit être de trois pouces.

Tel est le choix & la qualité de l'ardoise; passons à son emploi, elle doit être posée sur un lattis & contrelattis.

Latte à ardoise.

La botte de latte à ardoise est composée de vingt-six lattes, chaque latte porte quatre pieds de long & quatre pouces de large; elle doit être posée sur quatre chevrons qui sont espacés en conséquence.

Il faut 18 lattes pour une toise; de sorte que la botte fait environ une toise $\frac{1}{3}$.

Au-dessous du lattis, entre les chevrons, on pose des contrelattes, dont la botte est composée de dix, elles ont 6, 9 & 12 pieds de long; elles se vendent en conséquence au cent de toises, ou au grand cent

qui

qui contient 21 bottes; de forte qu'au lieu de 200 toifes, on en a 210. Il en faut quatre toifes & demi courantes pour une toife fuperficielle de couverture en plein comble.

Clou.

Quant au clou, il en faut autant pour l'ardoife que pour le lattis & contrelattis.

Clou à ardoife.

Le millier de clous pour ardoife pefe trois livres, & il fe vend à la fomme qui en pefe trente. Chaque ardoife eft attachée avec trois clous; les 175 employées dans une toife fuperficielle en confommeront 525, qu'on évalue à 1 liv. 12 onces, à caufe du déchet.

La quartelette en confomme environ trois livres, tout compris.

Clou pour lattis & contrelattis.

Il s'emploie pour une toife fuperficielle de lattis & contrelattis une livre de clou, & le millier, qui pefe trois livres & demi, fe vend auffi à la fomme; mais cette fomme doit peser 36 livres, & se paie le même prix que la somme du clou à ardoise, qui pese trente livres.

Les égoûts de cette couverture, lorsqu'ils ont plusieurs saillies, se font pour l'ordinaire en tuile, parce que la tuile est plus forte que l'ardoise. On met ces tuiles en ce qui paroît par-dessous en couleur d'ardoise, à huile. On ne paie rien au Couvreur pour cette opération. Il en est suffisamment dédommagé par la différence du prix de la tuile à celui de l'ardoise, qui dans ce cas se paie le même prix, le tout toisé suivant l'usage.

Les faîtages se font en plomb, ainsi que les extrémités des arrêtiers, les noues, les gouttieres & chesneaux, les yeux de bœuf, les devants de lucarnes, les damoiselles, les bavetes & les membrons, &c. On leur donne les largeurs & les épaisseurs que requiert l'ouvrage ; c'est ce que nous verrons en parlant de la plomberie.

D'après ces détails, voyons à quoi peut revenir une toise superficielle d'ardoise en plein comble. On n'accorde rien pour le bénéfice, il est rempli par les usages.

Détail du prix d'une toise superficielle d'ardoise.

Il faut 175 ardoises à 42 l. le millier, ...	7 l.	7 f.	o d.
1 livre 12 onces de clou à ardoise, à raison de 10 f. la livre, ...		17	6
18 lattes à ardoise à 1 liv. 6 f. la botte, ...		18	
4 toises & demi de contrelatte, à 5 f. la toise, . . .	1	2	6
1 livre de clou pour lattis & contrelattis, à 8 f. 6 den. la livre, ...		8	6
Main-d'œuvre, ...	1	15	
Total, ...	12	8	6

Le bénéfice & le déchet ne font point partie de ce compte, mais, comme nous avons dit, ils se trouvent dans les usages pratiqués au toisé, c'est ce que je vous ferai connoître. Voyons avant la toise superficielle d'ardoise remaniée à bout. On nomme ainsi la main-d'œuvre de la vieille ardoise, elle doit être mise & employée sur un lattis neuf.

Vous en aurez le prix en supprimant la valeur de l'ardoise; le reste sera la valeur du remanié. Vous aurez donc 5 liv. 1 s. 6 den.

De la tuile.

La meilleure tuile nous vient de Bourgogne, celle qu'on tire des environs de Paris ne la vaut pas à beaucoup près, elle se décompose & se réduit en poussiere. La tuile tient de la nature de la brique; il faut qu'elle soit faite avec une bonne terre, plus cuite que moins; toutes les parties doivent en paroître bien amalgamées, & quand on frappe dessus, elle doit rendre un son clair. Il y a deux sortes de tuile, celle de grand moule & celle de petit moule. Chaque tuile doit avoir un crochet pour la retenir sur le lattis. en les faisant, on a le soin de pratiquer dans le haut deux trous, dans chacun desquels on passe un clou, si le crochet vient à se casser.

Tuile, grand moule.

Cette tuile porte 8 pouces $\frac{1}{2}$. de large sur un pied de long, dont quatre pouces de pureau; il en faut 153 pour une toise superficielle, & le millier fait environ six toises deux tiers.

Si l'on ne couvre qu'en claire-voie, il ne faut que 108 tuiles pour toise, & alors le millier fait 9 toises un quart environ.

Tuile, petit moule.

Pour une toise superficielle il faut 288 tuiles, & le millier fait trois toises & demie environ, la tuile étant de six pouces de large, 9 pouces de haut, dont 3 pouces de pureau.

Latte à tuile.

C'est la même latte que celle qu'on emploie dans la maçonnerie, elle doit être de cœur de chêne. La botte en contient 52, & il en faut 27 pour faire une toise d'ouvrage tant en plein qu'à claire-voie. Chaque latte porte 18 à 20 lignes de largeur & 4 pieds de long. Elle pose sur 4 chevrons. Aussi dit-on que les chevrons doivent être espacés des quatre à la latte ; autrefois on les mettoit des trois, mais on a reconnu l'erreur. Les couvertures se ruinoient bien plutôt, malgré la précaution qu'on avoit des contrelattes dont on se passe pour le présent.

Pour le petit moule il faut 36 lattes à la toife, de forte que la botte produit une toife & demie environ.

Clou pour latte a tuile.

La latte eft attachée d'un clou fur chaque chevron, ce qui fait quatre clous pour chaque latte, de forte qu'il faut un peu plus d'une demi-livre de clou pour chaque toife fuperficielle, & un peu moins de la livre pour une botte. En fix bottes on gagnera une livre.

Détail du prix d'une toife de couverture en grand moule & plein comble.

Le millier de ces tuiles, tous frais faits, revient à 50 liv., on en emploie dans une toife fuperficielle 153, ce qui
produit . . . . 7 l. 13 f. d.
27 lattes à 26 f. la botte,
environ . , ... 13
Un peu moins de $\frac{1}{2}$. livre de
clou, ... 4
Façon, ... 1 3
_____
Total. 9 13

de ceux qui veulent bâtir. 263

Le bénefice est récompensé par les usages, ainsi que les 13 s. excédant 9 liv., car on ne paie encore aujourd'hui que neuf francs la toise de couverture en tuile.

Vous pouvez faire la même opération pour la tuile de petit moule, ainsi que pour la couverture à claire-voie.

Tuile, petit moule.

Vous trouverez que la tuile de petit moule reviendra à 8 liv. 10 s.

Couverture à claire-voie.

Celle à claire-voie coûtera, 7 liv.

Tuile remaniée à bout.

Voulez-vous avoir le prix d'une toise de tuile remaniée à bout, retranchez la valeur de la tuile qui est 7 liv. 13 s. des 9 liv. 13 s., & vous aurez pour une toise de remanié, 2 l.

Je passe pour le moment sous silence les plâtres, ils sont compris dans les toisés, & font partie des usages. Je vous en parlerai.

Le Guide

Des recherches.

On appelle recherche l'opération que l'on fait, lorsqu'on rétablit les plâtres d'une couverture totale, & que l'on fournit par chaque toise superficielle neuf tuiles ou neuf ardoises neuves posées en échiquier. La toise superficielle de tuile en recherche se paie . 1 l. s.

Celle en ardoise, ... 1 5

Quelquefois 1 liv. 10 s. 1 liv. 15 s. si la recherche est sérieuse : mais ce qui est rare ; car alors les Couvreurs ne manquent pas d'y faire du remanié ou de l'ouvrage neuf.

Je suis, &c.

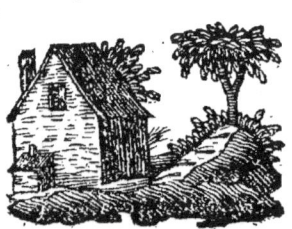

LETTRE XXVII.

Des terrasses en dalles au lieu de comble. Combien il est intéressant de donner les couverture en compte, avant de les démolir. Des soins & de l'attention qu'il faut y apporter.

AUJOURD'HUI on termine volontiers les Edifices en terrasses, on y trouve beaucoup d'agrément; on fait moins de dépense, & le Bâtiment est déchargé d'un grand fardeau. En vain dit-on que les bois qui se trouvent au-dessous, & qui forment le plancher s'échauffent & pourrissent promptement. La question est encore à résoudre : pour moi je dis qu'il ne faut que des soins. Evitez les assemblages le plus que vous pourrez, lors de la construction du plancher qui doit former votre terrasse; que vos bois aient les qualités requises par l'art de la charpenterie, faites visiter tous les ans les joints de vos dalles, que la pierre en soit pleine & dégagée de tout bousin, qu'elle ne soit pas poreuse, qu'elle soit dure & fiere, que la pente de la terrasse soit de deux pouces par toise. Avec ces précautions vous pouvez être tranquille. Cette construction, direz-vous, est dispendieuse, eu égard à l'entretien annuel. Point du tout, elle vous coûtera deux tiers moins que celle de la couverture ordinaire; elle se paie cinq sols par toise superficielle, qui est le même prix que celui de la couverture, & une terrasse contient près des deux tiers de moins de superficie qu'un comble formé pour couvrir un pareil espace.

Nous avons à Paris un Marbrier (1) qui excelle dans ce genre. On lui doit cette justice, que son mastic est supérieur, & que peu d'Entrepreneurs apportent les mêmes soins que lui pour la main-d'œuvre. L'aire de la terrasse étant bien dressé, il pose ses dalles qui ont 12 à 15 lignes d'épaisseur & qui sont appareillées avec la plus grande intelligence; il laisse trois à quatre lignes entre cha-

---

(1) Le sieur Corbet, Marbrier, demeurant quai Saint-Bernard au-dessous de la riviere de Bievre, a une machine hydraulique qui lui sert à faire mouvoir ses scies pour travailler la pierre dont il a le plus grand débit.

que joint, qu'il a l'attention de démaigrir par-deſſous, de façon que le maſtic qu'il met ſe gripe & forme queue d'hironde. Il fait plus : avant de mettre ſon maſtic, il bat du tuileau dans les joints avec un gros ciſeau à quatre lignes près de la ſuperficie ; de ſorte que ces quatre lignes environ ſe rempliſſent de ce maſtic, dont lui ſeul a la compoſition, & à laquelle perſonne n'a encore pu atteindre, malgré les prétentions des jaloux.

Voulez-vous que les eaux ſe rendent à un même endroit, ce qui eſt quelquefois fort intéreſſant pour les deſcentes & les réſervoirs, il obſerve les pentes en conſéquence, & il adapte, tout ſimplement, avec ſon maſtic une bordure de pierre de deux pouces & demi de haut, formant ſur l'extrémité de la ſaillie une eſpece de cheſneau. Ce cheſneau, au bout de quinze jours, tient de maniere que ſi vous voulez l'enlever, ce n'eſt pas le maſtic qui quitte, c'eſt la pierre qui y reſte gripée.

Telles ſont les trois ſortes de couvertures dont on ſe ſert. On les paie à la toiſe ſuperficielle. Il y a des uſages pour la couverture ordinaire, soit en ardoise, soit en tuile, c'est-à-dire des augmentations de mesure aux vraies dimensions, suivant la place de l'ouvrage. Je vous les expliquerai dans ma premiere. Contentez-vous pour le présent de savoir que, pour les terrasses en dalles, on n'a pas encore admis d'usage. En admettre seroit un abus dont nous devons nous défendre. Toisons donc simplement sur les dimensions, longueur & largeur, telles qu'elles se trouvent.

Si vous avez d'anciens édifices à découvrir, il faut, avant tout, en donner sur le tas la couverture en compte à votre Entrepreneur. Vous mesurerez longueur sur largeur, & le nombre qui proviendra de ces deux dimensions vous donnera le nombre de toises dont votre Couvreur sera obligé de tenir compte. Lors de son Mémoire, vous ne lui paierez cet ouvrage que comme remanié à bout. Je vous en ai parlé dans ma Lettre précédente. Observez que, quand vous aurez fait votre toisé, vous devez, suivant le plus ou moins bon état où se trouve la couverture, faire sur ce résultat remise d'un sixieme ou d'un quart. Si vous accordez un tiers, il faut que la couverture foit en bien mauvais état. Mais, dans tous les cas, convenez-en fur le lieu avant la démolition. Regardez ce principe comme la bafe invariable de votre opération ; autrement vous vous expofez à perdre les $\frac{2}{3}$., & je pourrois même dire les $\frac{5}{6}$. de votre couverture. Les Compagnons, lors de la démolition, n'épargnent rien, fi vous ne prenez le parti que je vous indique. Le Maître Couvreur laiffe à leur profit le tuileau, & vous fentez qu'il eft de leur intérêt d'en faire. C'eft auffi l'intérêt du Couvreur, puifqu'il fournira davantage d'ouvrage neuf. Jugez actuellement de la conféquence de l'avis précédent. Si vous employez les précautions que je viens d'indiquer en donnant en compte la couverture, le tuileau n'appartient plus au Compagnon, le Maître veille jufqu'à la moindre piece, il y trouve fon bénéfice, & vous le vôtre.

J'oubliois de vous dire que, lorfqu'on donne la couverture en compte, la vieille latte qui en provient appartient à l'Entrepreneur. Cependant ne fouffrez pas qu'il s'en ferve dans le nouvel ouvrage. Il doit fournir un lattis neuf, la valeur en est comprise dans les prix accordés. On essaiera de vous faire croire qu'on peut mette alternativement une latte vieille & une latte neuve ; que la couverture n'en est pas moins bonne. Mais c'est un piége qu'on vous tend, & on en abusera. Si vous ne prenez toutes ces précautions, le peu de vieille tuile qui vous reviendra sera encadré artistement de tuile neuve ; on vous fera valoir l'attention qu'on y a apportée ; mais on vous cachera que c'est l'intérêt seul qui gouverne. Quand je vous aurai parlé des usages, vous en concevrez la raison ; votre tuile non-donnée en compte se consomme aussi par morceaux qu'on emploie alternativement le long des ruellées & celui des faitages, on la place dans les égouts ; souvent on la retourne bout pour bout, & le tout se compte neuf.

Encore une fois, donnez votre couverture en compte avant la démolition, convenez de vos faits, & tout ira bien. N'attendez pas que votre tuile ou votre ardoise soit mise bas pour compter ; c'est une erreur, &, d'après ce que je viens de vous dire, vous le devez sentir.

Demolition des plombs.

Il faut aussi veiller à la démolition de vos plombs, c'est là encore où s'exerce un grand brigandage. Si votre Architecte est prudent, il chargera le Couvreur de cette démolition, elle se fera en sa présence, & il ne vous en coûtera pas davantage. En prévenant cette opération par le devis, vous y ferez inférer que l'Entrepreneur de la couverture donnera à l'Architecte, lors de la démolition, le nombre de Compagnons qu'il jugera à propos, pour, même avant la démolition de la couverture, faire déposer les plombs, & les transporter dans un lieu désigné & fermant sous clef. Vous ne pouvez avoir trop d'yeux dans ce cas, autrement on vous cachera nombre de morceaux sous la tuile, le long des égoûts, dans les cheminées, & cela pour les enlever commodément. J'en ai vu jetter dans les cours voisines & dans les rues ; j'ai vu les Compagnons les aller rechercher, mais non assurément pour les rapporter au Bâtiment. Les surprend-on ? Ils disent effrontément que c'est par accident que ces plombs y font tombés, qu'ils ne vouloient pas s'exposer pour les retenir, &c. Ces malheureux se servent de toutes les ruses possibles; aussi faut-il les surveiller avec la plus grande exactitude, employer à leur égard beaucoup de fermeté, leur promettre & leur donner, après l'opération finie, un pour-boire qui puisse mériter leur attention.

Si vous faites remanier la couverture d'un de vos Edifices, songez que c'est la même chose que si vous vouliez la mettre à neuf. C'est pourquoi commencez à en faire le toisé, & à donner le tout en compte à votre Couvreur. Accordez-lui le déchet, comme je vous ai déjà dit, autrement vous aurez plus des deux tiers en ouvrage neuf, le lattis sera mêlé, & vous paierez également la toise superficielle au cours du temps.

En faisant votre devis, inférez-y, ainsi qu'il est d'usage, que la démolition de l'ancienne couverture sera à la charge de votre Entrepreneur. Il y passera d'autant plus volontiers, qu'il en est indemnisé, soit par le déchet que vous lui accordez, soit par la vieille latte qui est à son profit. Faites donc de cet article une
des

des conditions de votre devis, ainſi que les frais de tranſport de la tuile ou de l'ardoiſe. Au ſurplus, ne craignez pas qu'il laiſſe la marchandiſe à la merci des autres Ouvriers, ſi vous l'avez donnée en compte.

Entretien de Couverture.

Je vous dirai encore qu'il faut mettre vos couvertures à l'entretien, vous ne pouvez mieux faire, ſur-tout ſi vous avez un marché fait comme il convient. Je me propoſe de vous en donner un modele à toute épreuve; en même-temps je ſuis bien aiſe de vous enſeigner quel moyen vous devez employer pour ſavoir le prix que vous devez donner en conſéquence de l'étendue de votre maiſon: pour y parvenir, faites meſurer la ſuperficie de vos combles longueur ſur largeur, ſans aucune déduction de lucarne ou de cheminée, & vous paierez de cinq à ſix ſols d'entretien par chaque toiſe ſuperficielle.

Ma Lettre commence à être longue; je remets à la premiere fois pour vous parler des uſages concernant la couverture.

Je ſuis, &c.

LETTRE XXVIII.

Des usages en ouvrages de couverture.

Je vous ai promis de vous entretenir des usages en ouvrages de couverture. Je commencerai par vous en donner la définition.

Par le mot d'usage en couverture, on entend souvent des quantités fixes & convenues que l'on ajoute aux mesures prises & effectives. Souvent aussi c'est l'évaluation de certaines parties de détails, sans égard au toisé.

Vous sentez que les Entrepreneurs en couvertures ne manquent pas de chercher tous les moyens possibles de tirer parti de ces conventions avouées & reconnues, & de les faire valoir dans l'occasion. Ce sont des plus values vraiment dues qui ont pu donner lieu à ces usages; mais il faut avouer qu'on leur a donné trop d'extension. C'est ce qui en fait l'abus, ainsi que les moyens dont on se sert pour les multiplier. Quoi qu'il en soit, ces expédiens ont acquis force de loi. C'est l'usage, dit-on, il faut y souscrire. Ne peut-on donc pas déroger à ces usages abusifs? On le peut par le moyen des devis; mais alors il faut accorder des prix en conséquence, & changer l'ordre ordinaire du toisé. Tout considéré, les prix que vous serez obligé de donner, l'emporteront sur les avantages que vous pourriez avoir, si vous écoutiez votre Entrepreneur. Ces Messieurs n'abandonnent pas aisément des moyens qui peuvent leur être favorables.

Je vous observerai donc que, dans les détails dont je vous ai entretenu, les prix sont combinés d'après les avantages que l'Entrepreneur peut trouver dans son toisé; aussi, pour y suppléer, je n'ai pas accordé de bénéfice à l'Entrepreneur, ni les faux-frais qui sont inévitables dans la construction. J'ai compté uniquement le montant de ce qu'il fournissoit, son avantage se trouvant dans les usages. Cet avantage peut être plus ou moins considérable, suivant les circonstances & le plus ou moins d'intelligence; disons mieux, le plus ou moins d'adresse dans l'arrangement ou la combinaison de l'ouvrage, sur-tout s'il y a du vieil & du neuf. Mais je vous ai instruit sur la maniere de parer à cet inconvénient, en vous engageant à donner en compte avant la démolition, toute votre couverture, soit en tuile, soit en ardoise. au surplus le modele de devis que j'espere vous envoyer, vous donnera le moyen d'obvier à ces abus.

Pour vous mettre en état de combiner tous les avantages que je vous ai proposés, je vous ferai le détail des usages accordés. Je ne vous parlerai pas du toisé en lui-même, c'est une opération particuliere, & vous savez que la couverture se paie à la toise superficielle de 36 pieds réduit ; vous êtes Géometre, vous savez rapporter au même principe les figures régulieres & les irrégulieres. Je vous dirai seulement la maniere dont on prend les dimensions. Avez-vous un comble à mesurer ? La largeur se prend depuis l'un des bords de l'égoût jusques & compris l'autre égoût, en passant par-dessus le faîte. Après cette opération, on ajoute à la mesure trouvée un pied pour le faîte, & un

de ceux qui veulent bâtir. 277

pied pour chaque égoût, s'ils font simples, c'eſt-à-dire, s'ils ne font formés que de trois tuiles (1). Mais s'ils font compofés de 5 tuiles, on accorde 2 pieds pour chaque égoût, qu'on appelle pour-lors *Egoût double*.

A l'égard de la largeur, on ajoute un pied pour chaque ruellée (2) ou folin (3). Il y en a à chaque côté; c'eſt donc 2 pieds à accorder. On ne rabat rien pour la place des lucarnes en plein comble, pour celle des vues de faîtiere, ni celle des cheminées.

Vous obferverez cependant qu'aux lucarnes ordinaires, en plein comble, entourées de toutes parts, on ne rabat rien pour le vuide de la baie, fi elles ne font pas d'une grandeur

---

(1) La tuile de deſſus eſt comptée dans la fuperficie mefurée; c'eſt pourquoi l'égout de trois tuiles n'eſt évalué que pour un pied, chaque tuile étant comptée pour fix pouces; d'apres ce principe, l'égout de trois tuiles vaut un pied, celui de quatre tuiles vaut un pied $\frac{1}{2}$, celui de cinq tuiles deux pieds, &c.

(2) On appelle *ruellée* les plâtres qui terminent & font la bordure d'une couverture dans fa largeur.

(3) Aux couvertures droites, les plâtres qui font entre deux murs, & qui y font liés pour former la bordure, & empêcher les eaux de filtrer, fe nomment *folin*.

S 3

extraordinaire; car autrement on en déduit le vuide, à un pied près, dans tout le pourtour. Je m'explique. Le vuide est-il de 8 pieds sur 7 pieds? on ne le compte que de 6 pieds sur 5 pieds, &c.

Aux lucarnes posées sur le bord des combles, où l'égoût passe devant, on ne déduit rien pour le vuide; mais si l'égoût est interrompu, on rabat l'emplacement qu'auroit occupé cette partie de couverture, depuis le devant de la lucarne jusqu'au devant du premier pureau de l'égoût, & on compte les ruellées. La largeur de la baie est-elle de 4 pieds? on n'en compte que 2 pieds, &c.

Dans les mansardes garnies de lucarnes, au-devant & au-dessus desquelles passent les égoûts, on ne rabat rien pour leur vuide : si l'égoût est interrompu, on en déduit seulement la saillie, en tenant compte des ruellées; mais si rien ne passe dessus ni au-devant, on en souftrait totalement le vuide, & on compte les solins.

S'il y a un chesneau avec pente au-devant des lucarnes où il n'y a pas de devanture, cette pente sera comprise dans le toisé; mais alors après le développement des plâtres, on déduira le vuide de la lucarne.

Un fronton au-dessus de ces lucarnes, grand ou petit, tel qu'il soit, est compté pour *une demie toise*. Il en est de même pour un chevalet.

Si au lieu d'un chevalet, il y a un chapeau en plomb, on accorde pour le lattis & plâtre *9 pieds superficiels*.

Goutieres.

Les goutières neuves, fournies par le Couvreur, sont payées à toise courante, y compris la pose & le scellement. L'on compte les batellemens comme les égoûts, & on les comprend dans la mesure du comble.

Les goutieres, au-derriere des lucarnes damoiselles, sont évaluées au pied courant, si elles sont neuves, & même l'on ne compte ni pose ni batellement; le tout est compris dans l'évaluation de la demie toise : il en est de même pour les dosserets de cheminée.

Lorsque le comble est à la mansarde, on prend le contour du bord, d'un égoût à l'autre ; on ajoute à ce contour le faîtage & les deux égoûts, comme il a été obfervé; & on accorde encore un demi pied pour l'égoût au droit du brifis.

Je vous ai dit que le Couvreur employoit la vieille tuile dans les parties fujettes aux ufages : en conféquence faites attention que, fi les égoûts & les batellemens font en vieilles tuiles, on ne doit vous les compter que pour ouvrage remanié à bout.

De même fi les goutieres ne font pas fournies par le Couvreur, mais qu'il les ait feulement pofées, on lui paffe pour remanié à bout, à raifon du pied courant.

Voici l'ufage : on ajoute aux mefures prifes, comme je vous l'ai déjà fait connoître en parlant du développement des combles,

Pour un égoût fimple de 3 tuiles, 1 pied.

De 4 tuiles, 1 pied $\frac{1}{2}$.

De 5 tuiles, 2 pieds.

Un arrêtier, 1 pied.

Un batellement, comme égoût.

Un faîtage, 1 pied.

Une ruellée, 1 pied.

Un folin, 1 pied.

Une vue de faîtiere s'évalue 6 pieds.

Une lucarne damoiselle, une demie toise.

Une lucarne flamande sans fronton, une toise.

Avec fronton, 1 toise & demie.

Tel est le tableau que vous pouvez vous former pour les usages de la couverture en tuile. Voyons ce que l'on doit observer pour celle en ardoise.

Couverture en ardoise.

La maniere de faire le développement des combles en ardoise est la même que celle des combles en Thuile, soit pour le pourtour, soit pour la largeur; les déductions sont aussi les mêmes pour le vuide des lucarnes, les évaluations de fronton, les chevalets, &c.

Si les jouées des lucarnes sont armées en ardoise, on en toisera la superficie; & on comprendra dans les dimensions les tranchis & devirures de chacun 6 pouces.

Aux combles en ardoise on fait les égoûts en tuile, qu'on met en noir à l'huile. On compte alors les redoublis d'ardoise, avec l'ardoise. Mais les égoûts de tuile sont comptés en tuile.

Si les noues font en plomb, on ne compte pas le cintre au-deſſous; & l'on compte 6 pouces pour chaque tranchis. Mais ſi ces noues ſont en petite ardoiſe, ſans plomb, comme il y a 4 tranchis & deux paremens, on ajoute 3 pieds ſur la hauteur de la noue ſeulement.

Si le faîte de la couverture eſt avec faîtieres, on doit le compter à part comme tuile. S'il eſt en noir, on tiendra compte de la peinture en plus-valeur.

Si le faîtage eſt en plomb, on meſure ſuivant le développement, & l'on ne compte pas d'uſage. Mais ſi au lieu de plomb, on fait un embardellement de plâtre, de la hauteur d'un pureau de chaque côté, on ajoutera un pied au pourtour.

Un égoût en ardoiſe, qui eſt ce qu'on appelle redoubli, vaut $\frac{1}{2}$ pied, qu'on ajoute au pourtour.

Les arêtiers, 1 pied.

Les ſolins, 1 pied.

Les ruellées, 1 pied.

Les tranchis, 6 pouces.

Les devirures, 6 pouces.

Les pentes des cheſnaux en plomb, 1 pied.

Les épis ou poinçons armés d'ardoife, font alloués 9 pieds.

Par tous ces détails & ces obfervations fur la couverture, vous devez vous appercevoir que ce n'eft pas la partie du Bâtiment qui doit être la moins furveillée. Un moyen feul peut éviter bien des abus, & vous tranquillifer fur nombre d'incidens que l'occafion fournit à l'Entrepreneur; c'eft de donner en compte, ainfi que je vous l'ai dit, la vieille tuile & la vieille ardoife, je vous en ai averti nombre de fois. C'eft encore de faire des devis bien exacts & bien détaillés. Je ferai enforte de vous en produire un modele. Repofez-vous fur moi & foyez perfuadé des fentimens avec lefquels, &c.

LETTRE XXIX.

DE LA SERRURERIE.

DU FER.

Du gros Fer de Bâtiment. Des Echantillons du Fer. De la maniere de connoître la qualité du Fer. Qualité de Fer relative au pays dont on le tire. Livraison. Poids du pied cube. Prix du Fer employé, & de sa façon. Du Charbon de terre. Du Clou.

Vous allez me taxer de négligence, je le sens; j'ai en effet toutes les apparences contre moi. Voilà quinze jours que je ne vous ai écrit. Vous brûlez de bâtir, & vous ne voulez pas commencer que je ne me sois expliqué sur tous les différens Ouvrages qui entrent dans la Bâtisse. Je ne vous alléguerai pour excuse que le tourbillon des affaires dans lequel vous me connoissez,

de ceux qui veulent bâtir. 285

Nous en étions à la Serrurerie ; pour pouvoir développer cet Art, considérons-le sous trois aspects, celui *du gros fer de Bâtiment*, celui *du fer*, & celui *d'ouvrages de Serrurerie*, ou *ferrure*.

Avant d'entrer dans aucun détail, observons que l'emploi du fer est essentiel dans la construction de nos Bâtimens, sur-tout à cause des foibles épaisseurs que nous sommes obligés de donner à nos murs, soit pour éviter la trop grande dépense, soit aussi pour profiter de toute l'étendue du terrein sur lequel le Bâtiment doit être assis. A Paris sur-tout il est précieux, & les matériaux ainsi que leur emploi sont très-chers.

Avec l'Art de la Maçonnerie, l'intelligence de la coupe des pierres, & la connoissance des épaisseurs nécessaires aux murs pour servir de butées aux voûtes, on peut se passer de fer. Mais cette économie ne convient que dans des travaux extraordinaires & dans des Edifices publics. L'Observatoire (1) est bâti de cette maniere, ainsi que la nouvelle Halle

---

(1) Bâti par le célebre M. Perraut, Traducteur & Commentateurs de Vitruve.

aux grains (1) conſtruite ſur le terrein de l'Hôtel de Soiſſons. Les Anciens n'employoient pas de fer dans leurs Bâtimens, peut-être à cauſe de la rouille : ils ſe ſervoient de bronze.

Je ne vous parlerai pas de la maniere de forger le fer; il vous ſuffit de ſavoir qu'en ſortant des forges, il eſt en barre. C'eſt ainſi que les Marchands le livrent pour être employé.

Echantillon de fer.

Le fer plat a 2 pouces de large & un demi pouce d'épaiſſeur : il porte de longueur depuis 12 juſqu'à 15 pieds.

Le fer quarré eſt de différentes longueurs & groſſeurs. La longueur d'une barre eſt auſſi de 12 à 15 pieds; mais quant à la groſſeur, il y en a depuis 10 à 11 lignes juſqu'à trois & quatre pouces.

Le fer carillon porte 8 à 9 lign. de groſſeur.

Le fer rond pour les tringles porte ſix à neuf lignes de diamettre.

---

(1) Sur mes deſſins & ſous ma conduite. A cette occaſion j'obſerverai que mal-à-propos dans l'Almanach des embelliſſemens de Paris a-t-on donné les eſcaliers ſous le nom de *Dupuis*. Cet Artiſte eſt habile, mais il n'en a été qu'appareilleur d'après mes deſſins & mes épures.

Le fer cornette porte depuis 3 pouces de largeur jufqu'à 6 & 8 pouces de hauteur & un demi pouce d'épaiffeur.

Le fer courçon eft une maffe de fer de 3 & 4 pieds de long fur les groffeurs qu'on peut demander.

Le fer en tôle eft de différentes efpeces. Il y en a de fort & de foible, ainfi que de différentes grandeurs & épaiffeurs.

Moyens de connoître la qualité du Fer.

Caffez une barre en deux, le fer en eft bon, fi le dedans eft noir & cendreux; il eft même malléable à froid, propre à la lime, & peu fujet à la rouille.

Eft-il noir & gris, tirant fur le blanc, il eft excellent pour les gros ouvrages de Bâtiment.

Le grain en eft-il gros & clair comme de l'étain, ou brillant comme la marcaffite, il eft de mauvaife qualité; il caffe à froid, eft tendre au feu : il fe rouille & fe décompofe aifément.

On en connoît encore la qualité à la forge; s'il eft doux fous le marteau, il eft caffant à froid : s'il eft ferme, il fera pliant.

Qualité de Fer relative au pays d'où l'on le tire.

Les fers ordinaires pour les Bâtimens de notre Capitale viennent de Champagne & de Saint Dizier. En général ils font caffans & de gros grain, ainfi que ceux de Normandie, dont on tire peu pour Paris.

Les fers de Bourgogne & ceux des forges de Senonge font doux & aifés à employer.

Celui de Vibray, dans le pays du Maine, eft plus ferme.

Le Berri fournit le meilleur fer qu'on puiffe employer ; on en fait les plus beaux Ouvrages : il y en a de deux fortes, le fer battu, & le fer étiré.

Les fers de Roche & de Nevers font d'une affez bonne qualité ; ils tiennent de *l'Acier.*

Les fers de Suede, d'Allemagne & d'Efpagne vers Saint-Sébaftien, s'emploient pour les Ouvrages polis & délicats ; ils ne valent rien pour la groffe conftruction.

Livraifon.

Les Marchands, dans la livraifon qui leur eft faite par les Maîtres des Forges,

de ceux qui veulent bâtir. 289

ges, ont les quatre au cent, c'est-à-dire, quarante livres par mille ; c'est ce qu'on appelle poids de forge. Ils ne le livrent pas de même : ils n'accordent aucune tare.

Le Serrurier les livre au poids sans plus-valeur.

Mais lorsqu'il prend les vieux fers en compte, on lui alloue les quatre au cent. 104 l. ne sont comptées que pour 100 liv.

Poids du pied cube.

Le pied cube de fer pese 559 livres, de sorte qu'un pied de fer d'un pouce de gros pese 3 liv. 14 onces.

Prix du Fer employé, & de sa façon en 1781.

La valeur du fer pris chez le Marchand, est de 17 liv. 10 sols à 18 liv. le cent
pesant, ci. . . . . 18 l.

Voiture, $\frac{1}{20}$. . . . . 18 s.

La façon du cent pesant de fer est de $\frac{1}{10}$. du prix du Charbon de terre qui vaut 75 livres le muid tout rendu, ... 6   5

Total 25   3

Tome I.   T

Le prix courant du fer ordinaire est de 25 livres.

Je vois que vous m'allez demander ce que c'est qu'un muids de charbon de terre, & je vais y répondre.

Du Charbon de terre.

On vend à Paris le charbon de terre au muid; le muid contient 90 boisseaux ou 15 minots, le minot 6 boisseaux.

On divise aussi le muid en 30 mesures, & chaque mesure contient 3 boisseaux.

Les Ouvriers de Paris appellent le muid une voye, & chaque muid ou voye pese 3000 livres environ.

On tire le charbon de terre du *Forez* & de l'*Auvergne*. Il vaut à peu de chose près celui d'Angleterre, qui sans difficulté est le meilleur. Souvent les Marchands le mêlent avec celui d'Ecosse, qui n'est pas si bon & qui est plus léger.

La Bretagne & la Normandie en fournissent aussi, mais il est inférieur en qualité aux charbons précédens.

Telles sont les connoissances préliminaires & nécessaires pour la Serrurerie.

Quant à l'emploi du fer, cherchez à éviter de trop le multiplier; il n'y a pas de petit objet, lorsqu'il se répete souvent. Pour y obvier, dans le devis vous spécifierez les grosseurs des différens calibres que vous voudrez employer pour chaque partie.

Dans la Serrurerie on distingue le gros fer, le fer & la ferrure.

On appelle *gros fer*, tout le fer commun, qui, dans la construction, s'emploie brut & seulement avec les coudes & contours nécessaires. On met dans ce nombre les ancres, les tirans, harpons, étriers, bandes de trémie, manteaux de cheminée, fantons, rapointis, dents de loup, & barreaux ordinaires.

On compte *comme fer* les chevilles, chevillettes, clous de bateau, grilles avec sommier & traverses, & portes de fer. Quant aux grilles cependant & aux portes de fer, lorsqu'elles sont décorées, on en fait les prix particuliers.

Les rampes d'escaliers & les balcons sont payés à la toise courante, sur leur hauteur d'appui ; les prix en varient suivant la nature. Je vous en parlerai dans les devis.

Du Clou.

Il y a aussi le clou. Les Menuisiers & les Serruriers en emploient de différentes sortes.

Les Menuisiers choisissent le clou de Liége. Il a la tête déliée & le corps mince, mais le fer en est aigre.

Les Serruriers ne font usage que du clou Normand : il est doux, & a une forte grosse tête.

Il vient beaucoup de clou de Charleville & de Mézieres.

On distingue le clou en clou doux & en clou délié, & on appelle, savoir :

Clou de 4.....le clou de 1 pouce $\frac{1}{2}$. de long.

Clou de 6.....le clou de 2 pouces.

Clou de 8.....le clou de 2 pouces $\frac{1}{2}$.

Clou de 10...le clou de 3.

Clou de 12...celui de 3 pouces $\frac{1}{2}$.

Il y a aussi le clou à latte, le clou à ardoise, le clou à tête ronde, la broquette à l'Angloise ; mais ces sortes de marchandises sont fournies par les différens Entrepreneurs qui les mettent en œuvre ; & elles sont passées en compte dans les prix qui leur font accordés: ainsi je n'en parle pas; & même en général ce n'est pas le Serrurier qui les fournit, on les prend chez le Marchand.

Je suis, &c.

P. S. En relisant ma Lettre, je vois que je vous ai porté en ligne la façon du fer à 6 l. 5 sols, & je me ressouviens que vous m'avez dit, qu'on ne vous demandoit que 5 liv. pour façon de votre vieux fer. Cela est vrai: mais au prix que je vous avance, soyez servi fidélement, & vous y gagnerez. Il ne faut pas trop mesquiner sur les prix. L'essentiel est d'être exact aux livraisons. L'apparence du bon marché ne doit pas vous leurer: méfiez-vous-en.

LETTRE XXX.

Des différentes Observations sur la fourniture des Fers. Des moyens d'éviter la trop grande dépense. Des ouvrages de Serrurerie. Des différentes ferrures des portes & des croisées.

Dans ma derniere Lettre j'ai détaillé les instructions relatives au fer en général. Il s'agit aujourd'hui de vous parler de son emploi & des abus qui s'y commettent.

Il faut indispensablement du fer pour la solidité du Bâtiment, mais il convient de l'économiser en évitant d'employer de trop fortes grosseurs & des longueurs inutiles. Les devis vous en fixeront les justes dimensions. Une ou deux lignes de plus de grosseur font des différences considérables dans le poids. Il faut même être très-attentif à ce que tous les fers que l'on pese pour construction soient employés : souvent après la pesée, sous prétexte qu'ils ne sont pas de mesure & qu'ils ne peuvent

de ceux qui veulent bâtir. 295

être posés, on les remporte, & il n'en est plus parlé. Une autre fois on les rapporte, & on les fait peser de nouveau. Vous ne pouvez avoir trop de vigilance aux pesées. Faites-les faire en votre présence; ayez en conséquence en votre attelier des balances & des poids; que votre Architecte ait un Commis intelligent pour veiller à ce district, & qu'il ne s'en rapporte pas à plusieurs personnes pour le vû des pesées; ce seroit donner toute facilité à l'abus. Un Serrurier qui voudroit tromper, apporte une pesée quelconque. Supposons-la de 1200 l. Il prend le premier Commis qu'il a sous la main, & lui fait donner un reçu; cela est bon. Il ôte ou il remet dans la balance une barre ou deux, le poids est différent : il va chercher un autre Commis qui voit la nouvelle pesée, de 1125 livres, par exemple, & il en prend aussi un reçu. Le fer se mêle; on en ôte une ou deux barres, on en remet quelques autres : on pese; nouveau reçu. On joue cette marote à plusieurs reprises; tant enfin, qu'il y a tels fers qui, dans le même Bâtiment, ont été pesés cinq à six fois. Les Entrepreneurs, capables de ce manége, font toujours meilleur marché qu'un autre. Si le fer vaut 25 livres, ils le font à 22 livres 10 fols & même à 20 livres du cent. On croit avoir tout avantage, & au lieu de 25 liv. on paie 100 l. 120 livres. Cet abus n'eſt que trop fréquent, ſur-tout dans les grands Bâtimens. Comment l'éviter? le voici. Ayez un magaſin fermé, & le fer étant peſé, le Commis le dépoſera ſous clef, le donnera à meſure qu'il faudra l'employer, & il fera grande attention à ce qu'on le poſe réellement. Il arrive ſouvent qu'on ſuppoſe une grande néceſſité de fer où il n'en eſt nul beſoin; on le fournit, on le peſe & il ſe trouve enlevé. On ſupprime même une partie de celui qui eſt indiſpenſable. Vous ne pouvez être trop ſurveillant à toutes ces menées.

Le fanton, le clou, &c. ſont encore l'objet d'un autre brigandage. A-t-on échappé aux ruſes du Serrurier, ce ſont celles du Maçon & du Manœuvre qu'on a à craindre. Enfin ce ſont celles de tous les Ouvriers. Le fer eſt un métal dont on trouve toujours Marchand. Si le Manœuvre va chercher le fer ou le clou chez le Serrurier, il en prend une

partie ; j'ai vu des pefées entieres fouf-
traites. J'ai vu des doubles factures : ce n'eſt
que par les foins & la vigilance, & en fai-
fiſſant l'inſtant, qu'on peut éviter ces fuper-
cheries.

Pour fe fouftraire à ces inconvéniens, faites
pefer les fers en votre balance, ayez foin de les
faire écrire fur votre Livre, faites-en faire un
double de la même main fur celui du Serrurier.
Ne fouffrez jamais que ces opérations foient
remifes au lendemain, & ne vous en rapportez
jamais qu'aux Livres. Spécifiez-le par votre
marché, déclarez même que vous ne voulez
dans aucun cas vous en rapporter au Livre
journal du Serrurier, & que c'eſt une condition expreſſe du marché. D'après cette
claufe, c'eſt à lui à faire écrire & à apporter
fes foins. Sur cet article on vous fera naître
fans doute bien des difficultés ; mais tenez
ferme, ne vous laiſſez pas furprendre. Que
les Livres doubles foient additionnés & fignés
chaque jour ; qu'ils foient paraphés au bas des
pages. C'eſt le feul moyen pour vous rendre
maître de votre opération, & faire juftice. Un
Entrepreneur honnête n'héfitera pas de don-

ner toutes les certitudes qui peuvent empêcher de sufpecter fa probité.

Je ne vous détaillerai pas tous les pieges qu'on cherchera à vous tendre, je vous ennuirois. Je me contenterai de vous obferver, que fi vous avez de vieux fers provenans de quelque démolition, il faut les donner tout-à-la-fois en compte à votre Serrurier. Si vous le faites par détail, vous aurez toujours quelque mécompte; il y aura des fers égarés. On vous dira que dans la quantité il y a de la mitraille; mais fachez que tout eft bon, pourvu qu'il foit fer. Il faut du rapointiffage; c'eft d'ailleurs une des raifons pour laquelle vous accordez les quatre au cent du vieux fer que vous livrez.

A propos du rapointiffage, ne fouffrez pas qu'il foit trop gros; car, bien loin d'être utile, alors il eft préjudiciable. Il faut qu'il y en ait au moins 12 à 15 dans une livre; & j'en ai rebuté par fois, qui étoient comme des fabots, étant des bouts de barre de fer de 15 à 18 lignes de gros, & qui pefoient par ce moyen jufqu'à des cinq quarterons. Quelle horreur!

de ceux qui veulent bâtir. 299

Que votre Commis ait soin à ce qu'aucun fer ne traîne, comme fanton, rappointis, crampons, chevillettes, &c. On les met aisément dans des sacs, & les compagnons en sont avides. Qu'il veille aussi à l'emploi de tous ces fers; il ne doit pas s'y endormir.

Quant aux fers que les Serruriers remportent pour leur donner une nouvelle façon, faute d'avoir bien pris les mesures, faites-les peser avant de les laisser sortir; portez-les en *crédit*, car souvent c'est un prétexte pour les détourner. Lorsqu'on les rapporte, faites-les passer par la balance, comparez le poids avec celui porté en crédit, & remettez-le alors en recette. Observez que ce fer ne doit par payer une seconde façon; c'est une erreur du Serrutier, & les fautes doivent être à la charge de ceux qui les commettent.

Ne souffrez pas non plus que votre Commis s'en rapporte à sa mémoire, & qu'il remette à écrire au lendemain. Ce pourroit être une occasion de difficultés.

Vos Livres bien en regle, bien d'accord sur les quantités & les qualités, les prix faits par les devis, il n'y a plus de difficultés au Mémoire. En arrêtant chaque jour vos Livres, il ne peut y avoir d'erreur; au moins, s'il s'en trouve, elles font aifées à lever.

OUVRAGES DE SERRURERIE,
ou Ferrures.

On entend, en général, par ouvrages de ferrurerie, toutes les ferrures des portes, des croifées, & tous les menus ouvrages en fer. Cet art eft pouffé au plus haut degré d'utilité, de perfection & d'agrément. Parcourons les objets principaux.

Ferrures des Portes.
Portes Pleines.

Les portes pleines ordinaires font ferrées avec pantures à talon, deux cloux rivés & gonds à repos, foit à fcellement, foit à pointe, deux verrouils fimples avec crampons, une ferrure de fix pouces pouffée à tour & demi ou à pêne dormant, avec gâche de la hauteur de la ferrure, une boucle ou un bouton pour tirer la porte.

Portes à placard.

Les portes à placard fimples font ferrées de

trois fiches de 6 à 7 pouces entre vafes, deux targettes à panache & leur crampon, une ferrure de 6 pouces pouffée à tour & demi, entrée, clef & gâche encloifonnée, le tout avec fes vis, un bouton à filet & fa rofette évidée. On met des ferrures de fureté aux mêmes portes, lorfqu'elles fervent d'entrée; & ces ferrures ont pour lors deux clefs. On place de pareilles ferrures aux portes de cabinet, & aux autres endroits que l'on veut fermer comme il faut.

Porte à placard à deux venteaux.

Les portes à placard à deux venteaux ont de chaque côté trois fiches de 7 à 8 pouces entre vafes, felon la grandeur des portes; deux verrouils à refforts fur platine à panache, un de 3 pieds $\frac{1}{2}$., & l'autre de 18 pouces, avec leur gache. Deux verrouils à panache & leur gache à filet, une ferrure pouffée à tour & demi, enttée, clef & gache encloifonnée; un bouton à filet & fa rofette.

Veut-on quelque chofe de plus riche, aujourd'hui même c'eft l'ufage, au lieu de verrouils à ressort, on met des bascules à noix avec palatre par en-haut une gache à pointe, par le bas une gache à soupape, afin d'empêcher les ordures d'entrer lorsque les portes sont ouvertes.

Dans les beaux & grands appartemens, chaque venteau de porte est ferré de quatre fiches de 8 pouces entre vases. Sur un des venteaux une serrure à bouton avec étoquian caché & à vis perdue, trois pênes dont un fourchu, l'autre s'ouvrant avec le bouton, un petit verrouil avec son bouton, renfermé sous le même palatre ; cette serrure porte bascule à verrouil sur platine évidée, condnits & crampons. De l'autre côté pareille bascule à noix, renfermée dans un palatre semblable à la serrure, deux gaches, dont celle d'en-bas en soupape.

Les palatres peuvent être en cuivre, ainsi que les boutons, panaches, conduits & gaches, le tout ciselé & doré d'or moulu ; dans ce cas le reste de la ferrure doit être poli pour recevoir aussi la dorure, si on le juge à propos.

Quelquefois à ces mêmes portes, au lieu de fiches à vases, on met par le bas des pivots d'un pied de branche, des bourdonnieres par le haut, & au milieu une charniere à bouton, à double branche de 8 pouces entaillés de leur épaisseur.

Porte charretiere.

Je ne vous parlerai pas des portes nommées particuliérement portes charretieres qui sont pleines, & qu'on ferre avec pantures en écharpes & gonds, une barre d'arcboutant avec son lacet & piton, une serrure de 7 à 8 pouces à pêne dormant.

Porte cochere.

Les plus simples sont ferrées avec pivot & crapaudine par bas, bourdonniere par le haut & une fiche au milieu; un fléau avec sa tringle, bascule, & serrure par le bas; un verrouil à ressort garni de sa platine, son anneau & crampon; le guichet avec deux fiches à chapelet, & une serrure de passe-partout. On ne met plus de grosses serrures, elles deviennent presque inutiles, mais on se contente de deux forts verrouils; une boucle à gibeciere & sa rosette, & on garnit la porte avec de la tôle à la hauteur des essieux.

Ferrure plus riche.

Au lieu de fléau, on peut mettre une espagnolette de 14 à 15 lignes de gros avec ses lacets sur platine évidée, par bas un verrouil à douile, une poigné tournante évidée, avec un morraillon à charniere fermant sur une petite serrure ; on met des équerres doubles, tant aux venteaux qu'aux guichets, une serrure plus ou moins riche, ainsi que les verrouils sur platine, & la boucle à gibeciere. La tôle de 10 à 12 pouces de large, dont on arme pour l'ordinaire ces portes, peut être avec moulures étampées, haut & bas, & entretenues avec vis. On met des équerres doubles sur les venteaux, ainsi qu'au guichet qui est ferré d'ailleurs d'une fiche à chapelet de 16 à 18 lignes de diamettre avec des vases aux deux extrémités.

Ces ferrures sont plus ou moins fortes suivant les dimensions de la porte. Quelquefois, au lieu d'une boucle à gibeciere, on met une

tête

tête de lion, & la langue qui fort de fon mufle fert de heurtoir. On peut faire plus ou moins de dépenfe, mais la prudence doit toujours la dicter. J'ai vu de ces portes monter pour les feules ferrures jufqu'à cent louis & même plus.

Convenez de prix, avant de faire exécuter; il n'eft plus temps de fe récrier quand les chofes font faites. Exigez des deffins, des modeles, un devis détaillé, & fpécifiez que l'ouvrage fera fait avec la plus grande propreté, fur-tout fi vous donnez dans le riche. Dans tous les cas, faites attention que le travail ne paroiffe point négligé, & qu'il foit fuivant les regles de l'Art.

Ferrure de croifées.

Les croifées les plus fimples fe ferrent avec deux ou trois fiches à nœuds pour chaque venteau, fuivant la hauteur; deux verrouils à refforts fur platine, avec crampons & conduits; une poignée pour ouvrir.

S'il y a des guichets & qu'ils foient brifés, chaque guichet aura deux ou trois fiches de 6 pouces entre vafes, ainfi que deux ou trois fiches à brifure de 2 pouces ½. à 3 pouces de hauteur ; fur le haut des volets il y a des loêteaux avec mentonets, & par le bas des verrouils fur platine évidée.

L'ufage des efpagnolettes eft aujourd'hui plus fréquent que jamais. Elles ont ordinairement 8 à 9 lignes de diametre. Elles font armées de leurs pannetons & agraffes, poignées fimples ou évidées, ainfi que le fupport aux chaffis. Avec les grands carreaux de verre qu'on emploie depuis quelques années, on fe trouve obligé de mettre aux chaffis des équerres doubles haut & bas & des Tés dans le milieu. On fe contentoit autrefois d'équerre fimple de 5 à 6 pouces de branche pour chaque angle.

Obfervations.

La plus grande partie de ces marchandifes de quinquaillerie vient de Picardie, de Normandie & du Forès. On ne les fait pas à Paris, la main d'œuvre y eft trop chere. Les Marchands Quinquaillers les font venir de ces Pays, & c'eft chez eux que s'en fourniffent les Serruriers : mal-à-propos veulent-ils perfuader qu'ils les fabriquent dans leurs boutiques, c'eft une fupercherie.

Il est avantageux de s'adresser directement aux Quinquaillers ; ils ont des ferreurs, & l'ouvrage se fait à bien meilleur compte. On convient des prix, on y comprend la pose : il faut faire attention à ne pas recevoir l'ouvrage à mesure qu'il est posé ; on ne doit le reconnoître qu'en vérifiant le mémoire du total. Dans ce cas il convient que le Marchand suive l'usage du Serrurier : il le remplace, & il doit veiller à ce qu'il fait. Avec cette prudence on gagne plus d'un grand tiers sur les prix. Il n'en est pas de même, lorsqu'on prend la marchandise & qu'on la fait poser par soi-même, on est trompé sur les qualités, le Marchand ne répond de rien, & on est pillé par les Ouvriers de tout genre. Souvent à peine une piece est-elle posée, qu'on la démonte & qu'on la prend. C'est au Bourgeois, s'écrie-t-on, il n'y a pas de danger. Tels sont les inconvéniens qu'on éprouve quand le Bâtiment n'est pas conduit comme il convient.

Fer de fonte.

Les Quinquaillers font aussi venir les plaques de contrecœurs, les garnitures entieres de cheminée, les réchaux de fer de fonte pour les fourneaux potagers, les poissonnieres, les tuyaux de descente, & les têtes de Dauphin pour mettre au bas, &c.

Toutes ces marchandises se vendent au cent pesant. On les tire de la Champagne & de la Normandie. Les tuyaux de Normandie sont plus légers & mieux faits que ceux de la Champagne. Il est avantageux de s'en servir, il y a de l'économie ; je vous dirai même qu'en faisant vos descentes, toutes en fer de fonte au lieu de plomb, vous bénéficiez de moitié, & vous avez moins à craindre de les voir crever pendant l'hyver. Si vous les mettez en plomb, on peut vous les voler ; avec le fer de fonte, vous n'êtes point dans ce cas.

A l'égard des prix, je vous en parlerai dans les devis. Je suis, &c.

P. S. Vous aimez le beau, l'agréable. Voici un Tarif que je viens de recevoir, & qui étant relatif à la serrurerie pourra vous faire plaisir. La marchandise en est bonne, j'en ai fait l'épreuve ; elle est riche & peut se placer dans les appartemens les plus somptueux.

TARIF
DES DIFFÉRENTES MARCHANDISES

De Ferrures dorées, japonnées & en laque, propres pour les Bâtimens qui se trouveront au Magasin général, établi chez le Sieur *VATINELLE*, Marchand de Fer, rue du Four, Fauxbourg Saint-Germain.

FICHES A VASE,
dorées, japonnées & en laque.

Le 3 pouce, ... 1 l. 2 s.
    4 pouce, ... 1   4
    5 pouce, ... 1   6
    6 pouce, ... 1   10
    7 pouce, ... 1   16
    8 pouce, ... 2   2
Elles sont garnies de leur pointe.

SERRURES DE PORTE,
à tour & demi,
dorées, japonnées & en laque.

Le 4 pouce, ... 10 l.
    5 pouce, ... 11
    6 pouce, ... 12
    7 pouce, ... 13

Chaque Gâche ...... 15 s.

FICHES A VASE,
polies, vernies & dorées.

Le 3 pouce, ... 15 s.
    4 pouce, ... 16
    5 pouce, ... 18
    6 pouce, ... 1   1
    7 pouce, ... 1   6
    8 pouce, ... 1   10
Elles sont garnies de leur pointe.

SERRURES DE PORTE,
à tour & demi,
polies, vernies & filets dorés.

Le 4 pouce, ... 7 l. 10 s.
    5 pouce, ... 9
    6 pouce, ... 10
    7 pouce, ... 11   15

Les Gâches augmenteront chaque Serrure de 15 s.

FICHES A VASE,
en vernis, brute.

Le 3 pouce, ... 8 s.
    4 pouce, ... 9
    5 pouce, ... 10
    6 pouce, ... 13
    7 pouce, ... 16
    8 pouce, ... 1
Elles sont garnies de leur pointe.

SERRURES
à tour & demi,
en vernis, brute.

Le 4 pouce, ... 5 l. 10 s.
    5 pouce, ... 6   10
    6 pouce, ... 7
    7 pouce, ... 8

Les Gâches augmenteront chaque Serrure de 10 s.

SERRURES DE SURETÉ *à deux clefs*, dorées, japonnées & en laque.	SERRURES A 3 PÊNES, *boutons doubles*, dorés, japonnés, & en laque.
Le 5 pouce, ...15 l.	Le 5 pouce, ...20 l.
6 pouce, ...16 10	6 pouce, ...21
7 pouce, ...18	7 pouce, ...22
BEC-DE-CANNE.	**BOUTONS RONDS**
Le 3 pouce, ... 7 l. 5 f.	pour portes & rosettes, 2 l.
4 pouce, ... 8	**BOUTONS**
5 pouce, ... 9 10	
6 pouce, ...12	pour portes d'Armoires, 15 f.

SERRURES DE SURETÉ *à deux clefs*, polies, vernies & filets dorés.	SERRURES d'ARMOIRE polies, vernies, & filets dorés.
Le 5 pouce, ...12 l.	Le 2 pouce, ...3 l. 10 f.
6 pouce, ...15	2 pouce & demi, 4
7 pouce, ...16	3 pouce, ...4 10
BEC-DE-CANNE.	4 pouce, ...5
Le 3 pouce, ... 6 l.	**BOUTONS RONDS**
4 pouce, ... 7	pour portes & rosettes, 1 l. 10 f.
5 pouce, ... 8	**BOUTONS**
6 pouce, ... 9	pour portes d'Armoires, 12 f.

SERRURES DE SURETÉ *à deux clefs*, en vernis, brute.	SERRURES A 3 PÊNES, *sans boutons doubles*, dorées, japonnées & en laque.
Le 5 pouce, ...10 l.	Le 5 pouce, ...18 l. 12 f.
6 pouce, ...11	6 pouce, ...19 10
7 pouce, ...12	7 pouce, ...20 10
Tringle pour Croisées, polie & vernie, le pied, 1 l. 10 f.	**SERRURE A TOUR ET DEMI,** Boutons doubles.
Tringle brute vernie, le pied, ...1 l.	Le 5 pouce, ...15 l.
	6 pouce, ...16
	7 pouce, ...17

POMELLE, en vernis, brute.	CHENETS polis, vernis, filets dorés, garnis de leurs pelles & pincettes.
Le 6 pouce, ... 16 f. 7 pouce, ... 18 8 pouce, ... 1 l. 9 pouce, ... 1 2 10 pouce, ... 1 4 12 pouce, ... 1 10 Elles sont garnies de leurs gonds.	Chevrette, ... 13 l. 10 f. Chenêts à deux pom- mes, ... 28 10 Chenêts à trois pom- mes, ... 32 10 Chenêts en pyrami- de, ... 36 Chenêts à boîte de Magdelaine, ... 36
PENTURES en vernis 1°. la Penture brute; à 7 sols la livre; 2°. le vernis de chaque penture.	TARGETTE à panache polie, vernie & filets dorés.
18 pouce, ... 15 f. 24 pouce, ... 1 27 pouce, ... 1 2 30 pouce, ... 1 5 36 pouce, ... 1 10 42 pouce, ... 1 10 48 pouce, ... 2 Elles sont garnies de leurs gonds.	La 12 ligne, ... 1 l. 16 f. 15 .... 1 18 18 .... 2 21 .... 2 2 24 .... 2 4 27 .... 2 8 30 .... 2 10 chacune garnie de crampons, & leurs vis.
CHENETS dorés, japonnés & en laque, garnis de leurs pelles & pincettes.	TARGETTE à feuille polie, vernie, & filets dorés.
Chevrette, ... 16 l. 10 f. Chenêts à deux pom- mes, ... 31 10 Chenêts à trois pom- mes, ... 42 Chenêts en pyrami- de, ... 42 Chenêts à boîte de Magdelaine, ... 42	La 12 ligne, ... 1 l. 14 f. 15 .... 1 16 18 .... 1 18 21 .... 2 24 .... 2 2 27 .... 2 6 30 .... 2 8 chacune garnie de crampons, & leurs vis.

ESPAGNOLETTES,

Poignées évuidées,
dorées, japonnées, cannelées, & en laque.

Le pied canelé, ... 7 l.
pied japonné, ... 6
Chaque Poignée pour un pied,
Agrafe ou Support, cannelés ou japonnés, 1 l. 6 sols piece.
Le tout garni de vis.

ESPAGNOLETTES,

polies, vernies & en base, dorées.

Le pied, ... 3 l. 10 s.
Chaque Poignée pour un pied,
Chaque Agrafe ou Support; .... 1 l. 2 s. piece.
Le tout garni de vis.

ESPAGNOLETTES,

en vernis, brutes.

Le pied, ... 2 l. 10 s.
Chaque Poignée pour un pied,
Chaque Agrafe ou Support, ... 12 s. piece.
Le tout garni de vis.

LETTRE XXXI.

DE LA PLOMBERIE.

Du Plomb neuf coulé, du Plomb laminé. De la Soudure & du vieux Plomb.

LE plomb dont on se sert ordinairement pour couvrir les Bâtimens à Paris, nous vient d'Angleterre. La France en a des mines, les plus abondantes sont en Bretagne, mais en général la matiere en est aigre & cassante. Je ne vous entretiendrai pas de la maniere dont on le travaille. Votre objet est de bâtir : cependant, comme votre curiosité ne peut être oisive, je me contenterai de vous dire qu'il y a du plomb coulé & du plomb laminé.

Le plomb coulé, que nous fournissent les Plombiers, est ainsi appellé, parce que, pour le former en table, on le coule sur un établi couvert de sable. L'opération en est simple, il est vrai, mais elle est peu exacte, l'Ouvrier ne peut donner une épaisseur parfaitement égale, & delà il est impossible d'avoir précisément le poids d'un pied quarré superficiel, eu égard à l'inégalité de son épaisseur, on ne l'a que par approximation, & c'est un vrai moyen d'être trompé. En effet, exigez-vous une dimension d'épaisseur ? on vous amincit les bords de la table à coups de marteau, pour le réduire au point demandé, & le reste est souvent du double d'épaisseur; ce qui, joint aux inégalités, augmente la pesée, de sorte qu'au lieu de cent livres de plomb vous en payez le double. Vous avez la marchandise, s'écrient les Plombiers : cela est vrai; mais c'est un superflu dont on peut se passer, & qui augmente beaucoup la dépense : 1°. par la différence du poids; 2°. par le déchet des quatre au cent lors de l'échange; 3°. par l'intérêt d'un argent avancé inutilement; 4°. enfin par la quantité de soudure qu'on est obligé d'ajouter à ce plomb, les plus grandes tables n'étant que de 3 pieds de large sur 15 à 18 pieds au plus de longueur. Le plomb laminé au contraire, dont nous allons parler, en fournit des tables de 5 pieds de large sur 30 pieds de long. C'est ce dernier plomb que je vous

de ceux qui veulent bâtir. 315

conseille d'employer. Vous y trouverez, en comparaison du coulé, la plus grande économie, & vous éviterez en même-temps le moyen d'être trompé sur la quantité. Ce sont des objets assez essentiels pour mériter votre attention.

Aussi je ne vous parlerai que de ce plomb, comme étant le seul sur lequel on puisse établir des principes pour évaluer la dépense. On ne peut trop se féliciter de ce qu'en 1729 une Compagnie de citoyens a concouru, pour en former à Paris une manufacture. Malgré les oppositions & les libelles, elle jouit aujourd'hui du fruit de ses travaux à bien juste titre. Son équité & la justesse de ses opérations ne laissent rien à désirer. Elle apporte tous ses soins pour empêcher les fraudes. Il ne sort point de plomb du bureau, en telle quantité que ce soit, qu'on ne donne une facture imprimée & signée qui en détaille les mesures, le poids & le prix.

On y prépare ces tables par le moyen d'une machine ingénieuse, dont l'effet est de faire rouler également deux gros cylindres d'acier. La table de plomb qui se trouve placée entre ces deux cylindres, acquiert par une preſſion égale & graduée l'épaiſſeur à laquelle on juge à propos de le réduire, à partir d'un quart de ligne, & même au-deſſous, s'il le falloit. On les ouvrage, comme nous avons dit, de 30 pieds de long ſur 5 pieds de large. Leur égalité d'épaiſſeur les rend moins caſſantes dans l'emploi, & nous donne les moyens de connoître ſévérement l'objet de dépenſe. Les meſures & dimenſions de la ſuperficie étant calculées, vous en avez le poids; *in menſura pondus*. C'eſt ce qu'annonce l'épigraphe qu'a adoptée la Manufacture. Connoiſſant exactement la meſure & le prix qui convient, vous vous garantirez de toute ſupercherie & des mauvais raiſonnemens des Ouvriers. Je vous joins ici le tableau de poids relatif au pied quarré. Les épaiſſeurs au-deſſous d'une ligne ſont peu en uſage dans le Bâtiment. Le plomb même d'une ligne ne s'emploie preſque point, d'autant qu'il eſt plus cher pour le prix de la livre que celui de $\frac{5}{4}$., & que, toutes choſes combinées, ces deux épaiſſeurs reviennent à-peu-près au même prix; ce qui pour les $\frac{5}{4}$. donne la ma-

de ceux qui veulent bâtir. 317

tiere en bénéfice, la plus valeur n'étant qu'à cause du plus de difficulté pour la main-d'œuvre.

Poids du pied quarré du plomb laminé, suivant ses différentes épaisseurs. — Prix du Plomb laminé, suivant ses différentes épaisseurs, à compter du 1er Janvier 1779.

	ÉPAISSEURS.	POIDS.	PRIX.
Ces espèces de plomb sont propres à des ouvrages légers, à des garnitures de boîtes, &c.	Ep. de ¼ de lig. environ	1 l. 6 on.	12 f. la L.
	de ½ lig.	2 12	8 6 d.
	de ¾ de lig.	4 2	8
	de 1 lig.	5 8	7 9
Plombs pour couvertures, chefneaux, réservoirs, bassins, terrasses, & autres.	de 1 lig. ¼	6 14	7
	de 1 lig. ½	8 4	7
	de 1 lig. ¾	9 10	7
	de 2 lig.	11	7

Les épaisseurs au-dessus pesent à proportion, & sont réglées avec précision. On le peut aisément calculer avec les dimensions ci-dessus.

Vous vous appercevez que les épaisseurs vont de $\frac{1}{4}$. en $\frac{1}{4}$. en augmentant le pied superficiel de 1 livre 6 onces par chaque quart.

La livre de plomb est de 16 onces, & on ne

connoît pas de plus foible division que l'once pour la livraison marchande. Cela connu, cherchez la longueur & la largeur de votre superficie, réduisez le tout en pieds quarrés, ce qui se fait en multipliant un côté par l'autre. Avez-vous 24 pieds de long sur 18 pouces de large? vous aurez 36 pieds superficiels. Votre plomb est-il d'une ligne $\frac{1}{4}$. d'épaisseur? le pied pese 6 l. 14 onces, c'est 36 fois 6 livres 14 onces, ce qui produit 247 livres 8 onces. Jettez le plomb dans la balance, vous y trouverez ce poids.

A la Manufacture on délivre en tout temps des tables de la grandeur & de l'épaisseur que vous désirez, pourvu qu'elles n'excedent pas, comme je vous l'ai dit, 40 pieds de long & 5 pieds de large. On vous les livrera de la forme que vous demandez, à moins qu'elle ne soit extraordinaire, & pourvu encore qu'elle soit en ligne droite. Alors vous n'avez pas de retailles, ce qui est un avantage que ne donnent pas les Plombiers. Ils envoient les tables toutes quarrées, ainsi qu'elles se trouvent, plus ou moins grandes, les retailles sont à votre charge, & les compagnons n'en rendent que ce qu'ils ne peuvent emporter. C'est une partie dans le Bâtiment où il y a le plus de brigandage; vous ne pouvez trop y veiller. La Compagnie du plomb laminé a cherché à y obvier en ce qui la concerne. Elle ne délivre pas de plomb, ainsi que nous l'avons dit, qu'elle ne donne les dimensions de chaque table qu'elle fournit. Jettez les yeux sur la facture imprimée qu'elle remet en livrant le plomb, vous y trouverez la plus grande précaution pour vous souftraire aux surprises. On ne peut vous en imposer sur le poids, c'est à vous de vous garantir des autres pieges.

Ce n'est pas encore assez pour remplir vos vues sages & économiques, il faut de plus n'employer que des tables d'une épaisseur convenable aux endroits où elles doivent être placées. Vous pourriez éprouver les mêmes difficultés relativement aux tuyaux & aux descentes en plomb, elles s'applaniront par le tableau que je vais vous présenter, c'est celui de la Manufacture même.

Tarif du Poids, de la Toise, des Tuyaux de plomb laminé, soudés de long.

	DIAM.	ÉP.	POIDS.	
Tuyaux de descente.	2 pouces.	1 ligne.	35 liv. dont	en plomb, 29 l. à 7 s. / en soudure, 6 à 19
	3	1	48 dont	en plomb, 42 à 17 / en soudure, 6 à 19
	3	2	63 dont	en plomb, 57 à 7 / en soudure, 6 à 19
	4	2	80 dont	en plomb, 71 à 7 / en soudure, 9 à 19
	5	2	100 dont	en plomb, 88 à 7 / en soudure, 12 à 19
	6	3	183 dont	en plomb, 165 à 7 / en soudure, 18 à 19

Tuyaux d'eaux forcées.	8	8	637
	7	7	494
	6	6	366
	5	5	261
	4	4	172
	3	3	102
	2	2	51
	1 $\frac{1}{2}$	2	39

La quantité de soudure nécessaire à souder les Tuyaux ci-contre, sera proportionné à leur diametre & à l'épaisseur du Plomb.

Tuyaux moulés.	2 $\frac{1}{2}$	108
	2	72
	1 $\frac{1}{2}$	55
	1	36

Sept sols la livre.

9	27
6	21

Ces deux especes coûtent 7 s. 6 d. la livre.

Il s'agit actuellement de vous donner les dimensions d'épaisseur de tous les plombs que vous pouvez employer suivant leur destination, c'est le vrai moyen d'économiser & de vous garantir de toutes surprises.

de ceux qui veulent bâtir.

Pour les enfaîtemens ou faîtages, il suffit d'employer du plomb de $\frac{5}{4}$. de ligne d'épaisseur, & de 18 à 20 pouces de large.

Les plombs pour les noues seront de 15 à 16 pouces de largeur, & auront cinq quarts de ligne d'épaisseur. Si elles passent deux pieds de largeur en plomb apparent, il faut leur donner une ligne & demie d'épaisseur, & même une ligne trois quarts, suivant qu'elles sont plus ou moins exposées à la fatigue.

Les plombs des arêtiers auront 15 à 18 pouces de largeur & $\frac{5}{4}$. d'épaisseur.

Pour les chesneaux ordinaires, il suffit d'employer du plomb de 18 à 21 pouces de largeur sur $\frac{5}{4}$. d'épaisseur.

Si les chesneaux ont plus d'un pied de largeur de passage pour les eaux, vous leur donnerez une ligne & demie, & même une ligne $\frac{3}{4}$ d'épaisseur sur la largeur convenable; de sorte que les eaux ne puissent point refluer par-dessous les batellement. Avec de l'intelligence & de la précaution, vous pouvez modérer la dépense, sans toutefois attaquer l'avantage du revers qui est une partie essentielle.

Si vous donnez à vos chesneaux $\frac{5}{4}$. de pouce

Tome I.   X

de pente par toise, vous pouvez éviter les soudures ; mais alors vous ferez faire des ressauts, & les chevauchures auront un pied, afin d'éviter le refluement de l'eau qui peut passer par-dessous, & se répandre sur l'entablement. Il est essentiel de prendre garde qu'on ne vous retranche après coup les recouvremens de ces chevauchures ; car, comme elles ne sont pas apparentes, quelquefois les Plombiers & souvent les Couvreurs, les enlevent, ainsi que les plombs qui sont masqués par les batellemens. Vous ne pouvez trop veiller à ce qui regarde ce métal.

Si vous mettez des bavettes par-dessous les chesneaux, il suffit de plomb de $\frac{5}{4}$. de ligne d'épaisseur. Elles ne servent que de décoration, & ne sont pas susceptibles de fatigue.

Mais en voilà assez sur l'article du plomb : il faut actuellement que je vous entretienne de la soudure ; cet objet est encore fort délicat ; vous ne sauriez croire combien il se commet de fraudes, lorsqu'on laisse la soudure à la discrétion des Compagnons. Le seul moyen pour y remédier, est de payer au pied courant de soudure, ainsi que vous en avez le tarif ; la

de ceux qui veulent bâtir. 323

livre se paie 19 s. tous compris, d'autant que la façon est évaluée dans la pose du plomb.

Si vous n'employez que de la soudure, sans dose de plomb, & que vous ne puissiez pas l'évaluer au pied courant, alors avant de faire aucun emploi, faites-là peser ; voyez si on ne la multiplie pas trop ; & l'opération faite, mettez le restant dans la balance. Observez la différence du poids ; & pour ce qui aura été employé, vous en augmenterez le prix de 5 s. par livre, à cause de la consommation du charbon & de la difficulté de travail fait sur le tas, ce qui fera alors 25 s. par livre pesant.

Ayez au surplus attention que vos soudures soient faites proprement ; qu'elles soient bien amalgamées avec votre plomb, & que par suite de trop d'épaisseur, elles n'arrêtent pas les eaux dans leur cours. Voyez encore si sur vos anciennes soudures l'on n'a point passé un fer chaud, ou si on ne les a pas regratées, afin de les rafraîchir, les faire passer pour nouvelles, & en demander le paiement en conséquence. Les compagnons Plombiers sont sujets à cette supercherie ; ils en gardent la soudure à leur profit, souvent les Maîtres l'ignorent; mais vous n'en êtes pas moins la dupe. Il n'est point de stratagême dont ils ne se servent, & qu'il ne faille craindre de leur part.

Vous voilà bien instruit sur les qualités & le genre de plomb dont vous devez vous servir; vous êtes au fait de son emploi & des erreurs dans lesquelles on cherche à vous entraîner; vous croyez être à l'abri de toute surprise, & je vous vois déjà prendre toutes vos précautions. Eh! bien, Monsieur, vous n'êtes encore qu'à la moitié du travail, je ne vous ai pas encore parlé de vos plombs de démolition.

Vous avez d'anciens Bâtimens dans lesquels vous comptez beaucoup sur le plomb qui en proviendra. Si vous n'y apportez le plus grand soin, vous en serez la dupe, & l'objet se réduira à peu de chose. Il n'y a point de stratagême qu'on ne tente pour vous enlever le fruit de vos espérances; pour y remédier, faites démolir vos plombs, avant que vous ayez un grand nombre d'Ouvriers, commencez même par cette opération, & ne souffrez que peu d'aides: deux compagnons Plombiers & un Couvreur suffiront; c'est un moyen d'éviter la confusion & de tout voir d'un coup-d'œil. Faites attention qu'on ne cache point de plombs pour les emporter après coup. Défiez-vous d'une activité trop marquée ; elle annonce quelque dessein préjudiciable à vos intérêts. Il vaut mieux sacrifier quelques journées, que de se voir abandonné au pillage. Cette marchandise convient à toute personne; les ouvriers & les compagnons Couvreurs sur-tout en sont très-friands. Ils se proposeront de démolir vos plombs; ne vous y livrez qu'à bonne enseigne. Ne laissez pas lever plusieurs tables à la fois, & faites-les ferrer à mesure : c'est une précaution nécessaire. Ayez avec vous une personne de confiance, pour conduire & accompagner au magasin l'ouvrier qui sera chargé de les porter.

Si je parois entrer dans des détails trop rigides, je suis persuadé que vous m'en remercierez quand vous aurez commencé à opérer. Je vous annonce même que vous devez redoubler de soin, & tenir une marche plus sévere encore, si vous êtes obligé de démolir. Avez-vous vos ouvrages en train, & conséquemment un très-grand nombre d'ouvriers à surveiller, le bon ordre sera très-difficile à tenir. Le plomb vaut de l'argent, il s'agit de défendre vos intérêts. Ecartez donc de l'endroit où se fera votre démolition tout ouvrier qui n'y aura pas de rapport. Ne souffrez point de rodeurs. Si vous avez des portes d'échappée, ne les laissez pas ouvertes; faites attention s'il y a quelque partie de votre Bâtiment qui donne sur des rues voisines, ils y jetteront de vos tables, que leurs camarades attendent & enlevent. Craignez aussi les cours voisines, elles sont favorables à leur fraude. Ces gens y laissent tomber du plomb qu'ils vont chercher ensuite, sous prétexte qu'il leur a échapé. L'ont-ils, ne croyez pas qu'ils vous le rapportent: souvent ils en cachent dans les entrevouts de planchers, dans des démolitions, enfin par-tout où ils peuvent, & ils le reprennent à leur aise. Avez-vous le dos tourné, ils s'en font des plastrons sous leur chemise; par fois ils en emportent sous leur tablier. J'en ai vu qui ployoient sous le poids; il n'est pas de ruses que l'ouvrier ne mette en usage. Dans ce cas, veillez, prenez des personnes de confiance pour vous aider. Que celui qui a le soin de faire porter au magasin, soit attentif & examine bien ceux qui sortent; il ne faut pas qu'il soit plus honteux qu'on ne l'eſt aux barrieres.

Tout votre vieux plomb porté & mis au magaſin, doit être livré en compte au Plombier, ſur un récépiſſé de la peſée faite en ſa préſence. N'en laiſſez pas ſortir ſans ſavoir la quantité que vous donnez. Si vous en laiſſez emporter ſans cette précaution, on le ſeme en route, on en jette des tables en différens endroits, qui ſont perdues pour vous, mais dont les conducteurs ſavent profiter. Il n'eſt pas, je le répéte, de ruſes que je n'aie vu employer. La vigilance la plus grande, la plus active, les ſoins enfin les plus aſſidus ſont indiſpenſables. Je vous exhorte à une patience à toute épreuve, & je ne vous en dis pas trop.

Avant de finir, j'ai à vous parler des prix.

Prix du Plomb neuf.

Le plomb laminé ſe vend aujourd'hui année 1781, 35 liv. le cent tout poſé, ce qui eſt 7 ſ. la livre peſant, & il n'a été porté à ce prix que depuis le 1er. Janvier 1779 à cauſe de la guerre : avant il ne valoit que 32 liv. 10 ſ. le cent. Le plomb non poſé ſe paie encore 6 ſ. 6 den. la livre, ou 32 liv. 10 ſ. le cent : delà vous voyez que la poſe ſe compte 6 deniers.

Prix de la Soudure.

La foudure vaut 19 fols, & on ne la payoit que 18 f. avant 1779.

Prix du vieux plomb.

En donnant votre vieux plomb en compte, vous déduifez les quatre au cent pour le déchet ordinaire de la refonte, & alors on vous le prend fur le pied de 6 f. la livre, qui eft 30 l. du cent, de forte qu'il ne vous coûte, y compris le déchet des quatre au cent, qu'un fol 3 den. environ par livre pour échange & pofe du plomb que l'on vous fournit. Les retailles ou rognures de tables de plomb neuf, livrées entieres, feront reprifes, fans déchet, à 6 f. 6 den.

Si vous ne confommez pas tout votre vieux plomb, celui qui reftera au compte de la manufacture ne vous fera payé que 5 f. la livre, en obfervant toutefois que vos vieux plombs ne doivent être ni dégraiffés, ni dénaturés.

Je ne veux pas vous fatiguer davantage; je finis, & je fuis, &c.

Fin du Tome premier.

TABLE DES MATIERES

Contenues dans le premier Volume.

LETTRE PREMIERE. *Sur les agrémens de la Bâtisse, & sur le danger de s'y livrer sans précaution*, page 1

LET. II. *Les précautions qu'on doit avoir avant de bâtir. Combien on doit être circonspect à emprunter. Différens moyens d'emprunts*, 6

LET. III. *Moyens d'apprécier la dépense d'un Bâtiment que l'on voudroit construire*, 13

Premiere Espece, 14
Seconde Espece, 17
Troisieme Espece, 18
Quatrieme Espece, 20

LET. IV. *Répartition de l'argent à donner, en conséquence des travaux, & les époques qu'on doit observer dans cette repartition*, 22

Premiere Espece, 24
Seconde Espece, 25
Troisieme Espece, ibid.
Quatrieme Espece, 26
REPARTITION, 30

TABLE

Maçonnerie, ibid.
Charpente, 32
Serrurerie, 33
Couverture, ibid.
Plomberie, 34
Menuiserie, ibid.
Carrelage, 35
Peinture, ibid.
Vitrerie, 36
Marbrerie, 37

Let. V. *Combien il est essentiel de faire choix d'un bon Architecte, & quelles sont les qualités requises dans cet Artiste,* 39

Let. VI. *Choix des Entrepreneurs, & Observations relatives,* 47

Let. VII. 61

Let. VIII. *Des différens genres de construction. Des carrieres des environs de Paris, & de leurs diverses qualités de pierres. Observations sur la pierre,* 63

De la pierre dure, 65

Let. IX. *De la Lambourde. Du Moilon. De la Pierre de Meuliere. De la pierre tendre. De la pierre de S. Leu, de Vergelée, de Trossy. de celle de Pontoise, & de celle de Conflans,* 75

De la Lambourde,	75
Du Moilon,	76
De la pierre de Meuliere,	77
De la pierre tendre,	79
Let. X.	82
Du Plâtre	ibid.
De la Chaux,	85
Du Sable,	89
Du Ciment,	91
Du Mortier,	93
De la Brique,	94
Let. XI. De la construction relative à la Maçonnerie,	97
Let. XII. Des Voûtes,	110
Observations pour le cours de la construction,	ibid.
Let. XIII. Des souches de cheminées, soit en plâtre, soit en briques. Des plafonds, & des aires des planchers sur solive,	123
Cheminées en brique,	128
Des Plafonds,	129
Aires de plancher,	131
Let. XIV. 1. Des Chausses d'aisance. 2. Des Fosses.	133
Fosses d'aisances,	136
Let. XV. Projet pour suppléer aux Fosses,	140

TABLE

Let. XVI. *Escaliers en Maçonnerie & Charpente ou en pierre. De la grace qu'ils doivent avoir. Des longueurs, hauteurs & girons des marches. Des limons, courbes & palier,* 148

Let. XVII. *Moyen d'apprécier la valeur de chaque toise superficielle de mur, soit en pierre dure, soit en pierre tendre, à raison de l'épaisseur du parpin,* 157

Détail de mur en prierre dure, 161

Tarif pour la taille de pierre ordinaire, 165

Détail de la pierre de Liais, 168

Mur de dix-huit pouces, ibid.

Tarif du prix de la taille de pierre de liais, dont la moyenne proportionnelle est 24 pou. 170

Détail de la pierre de Cliquart de Meudon, 171

Mur de trente pouces d'épaisseur, ibid.

Détail de la pierre du S. Leu & du Trossy, 173

Tarif de la taille de S. Leu & du Trossy, ibid.

Mur de 24 pouces de parpin, 174

Renseignemens pour parvenir à l'estimation d'un mur en pierre de Vergelée, 176

Tarif de la taille de Vergelée pour toise superficielle relativement aux parpins, 178

Let. XVIII. *De la maniere d'apprécier les murs en moilon, ou en pierre de meuliere,*

DES MATIERES.

en conséquence de leurs épaisseurs. 179
Détail de la valeur d'une toise cube en moilon, 180
Pierre de Meuliere, 181
Détail de la valeur d'une toise cube en meuliere, 182
De la Brique, 183
Légers Ouvrages, 185
LET. XIX. DE LA CHARPENTE. *Des Bois, de leurs bonnes qualités & de leurs vices, relativement à leur situation dans les forêts, au sol, à leur exposition & à leur exploitation,* 186
LET. XX 195
Dénomination des bois, ibid.
LET. XXI. 1. *Observations sur les Bois employé,* 2. *Des Planchers.* 205
LET. XXII. *Des Poutres, de leur emploi de la nécessité de les refendre, & des moyens d'en tirer la plus grande force possible,* 215
Longueur des poutres, largeur & hauteur, 221
LET. XXIII. *Autre moyen dont on se sert depuis quelques années pour fortifier une poutre,* 224
Des Combles. 227
LET. XXIV. *Des Lucarnes; des Pans de*

bois; des Cloisons; des Escaliers. Observation sur le toisé des Bois. Maniere d'évaluer leurs prix lorsqu'ils sont mis en œuvre, 234

Des Lucarnes. Des Pans de bois, ibid.
Des Cloisons. 234
Des Escaliers; 236
Observations sur le toisé des Bois, 239
Let. XXV. *Des vieux Bois, des Etaiemens, des Cintres de Charpente pour les voûtes, & des Etrefillons pour les terres,* 224
Des vieux Bois, ibid.
Des Etaiemens, 249
Des cintres pour les voûtes, 252
Des Etrefillons, ibid.
Let. XXVI. De la Couverture. *De la Couverture tant en ardoises qu'en tuile. Détail de tous ces ouvrages,* 253
Ardoise, 255
Latte à ardoise., 256
Clou. Clou à ardoise, 257
Clou pour lattis & contrelattis, ibid.
Détail du prix d'une toise superficielle d'ardoise, 259
De la Tuile. Tuile de grand moule, 260
Tuile de petit moule. Latte à tuile, 261

Clou pour latte à tuile,	262
Détail du prix d'une toise de couverture en grand moule & plein comble,	ibid.
Tuile de petit moule,	263
Couverture à claire-voie,	ibid.
Tuile remaniée à bout,	ibid.
Des recherches,	264
LET. XXVII. Des terrasses en dalles au lieu de comble. Combien il est intéressant de donner les couvertures en compte, avant de les démolir. Des soins & de l'attention qu'il faut y apporter,	265
Entretien de Couverture,	373
LET. XXVIII. Des usages en ouvrages de couverture,	274
Couverture en Ardoise,	281
LET. XXIX. DE LA SERRURERIE. Du Fer. Du gros Fer de Bâtiment. Des Echantillons du Fer. De la maniere de connoître la qualité du Fer. Qualité de fer relative au pays dont on le tire. Livraison. Poids du pied cube. Prix du Fer employé, & de sa façon. Du Charbon de terre. Du Clou,	284
Echantillon de Fer,	286
Moyens de connoître la qualité du Fer,	287
Qualité de Fer relative au pays d'où l'on le	

TABLE DES MATIERES.

tire. Livraison, 288
Poids du pied cube, 289
Prix du Fer employé, & de sa façon en 1781, ibid.
Du Charbon de terre, 290
Du Clou, 292
LET. XXX. *Des différentes Observations sur la fourniture des Fers. Des moyens d'éviter la trop grande dépense. Des ouvrages de Serrurerie. Des différentes ferrures des portes & des croisées,* 294
OUVRAGES DE SERRURERIE, OU FERRURES, 300
Ferrures des Portes. Portes pleines, ibid.
Portes à placard, ibid.
Porte à placard à deux venteaux, 301
Porte charretiere. Porte cochere, 303
Ferrure plus riche, 304
Ferrure de croisées, 305
Observations, 306
Fer de fonte, 307
Tarif des différentes marchandises de ferrures dorées, &c. du sieur Vatinelle, 309
LET: XXXI. DE LA PLOMBERIE. *Du Plomb neuf coulé, du Plomb laminé. De la Soudure & du vieux Plomb,* 313

Fin de la Table du premier Volume.

www.ingramcontent.com/pod-product-compliance
Lightning Source LLC
Chambersburg PA
CBHW071156240526
45470CB00016BA/92